Vom
Kastanien-Parcours
bis zum Zeitungsfangen

Fertige Bewegungsstunden
mit Natur- und Alltagsmaterialien
für 3- bis 6-Jährige

Sabine Gottschalk

Verlag an der Ruhr

Impressum

Titel

Vom Kastanien-Parcours bis zum Zeitungsfangen

Fertige Bewegungsstunden mit Natur- und Alltagsmaterialien für 3- bis 6-jährige

Autorin

Sabine Gottschalk

Titelbildmotiv

Fotos: © womue (kleine Kastanien o. r.), © Kautz15 (Kastanienblätter), © oriori|fotolia.com (Kastanien groß), © ipopba (Hintergrund) – alle Fotolia.com
Illustrationen: Dorothee Wolters

Ilustrationen

Dorothee Wolters

Grafik

© Kautz15 – Fotolia.com (Kastanienblätter im Hintergrund)

Druck

AZ Druck und Datentechnik GmbH, Kempten, DE

 Verlag an der Ruhr
Mülheim an der Ruhr
www.verlagruhr.de

Geeignet für Kinder von 3–6 Jahren

© Verlag an der Ruhr 2017, Nachdruck 2019
ISBN 978-3-8346-3606-5

Inhaltsverzeichnis

Vorwort 4

Bewegungsstunde „Spiel und Sport mit Kastanien" 7

Bewegungsstunde „Spiel und Sport mit Blättern" 15

Bewegungsstunde „Spiel und Sport mit Steinen" 19

Bewegungsstunde „Spiel und Sport mit Stöcken" 25

Bewegungsstunde „Spiel und Sport mit Muscheln" 31

Bewegungsstunde „Spiel und Sport mit Maiskolben" 39

Bewegungsstunde „Spiel und Sport mit Federn" 45

Bewegungsstunde „Spiel und Sport mit Zeitungen" 53

Bewegungsstunde „Spiel und Sport mit Wolle" 57

Bewegungsstunde „Spiel und Sport mit Plastikflaschen" 63

Bewegungsstunde „Spiel und Sport mit Tüchern" 71

Bewegungsstunde „Spiel und Sport mit Schwämmen" 77

Bewegungsstunde „Spiel und Sport mit Luftballons" 82

Bewegungsstunde „Spiel und Sport mit Wäscheklammern" 89

Vorwort

In diesem Buch finden Sie 14 umfangreiche Turn- und Bewegungsstunden, die ich bei meiner praktischen Arbeit als Erzieherin schon häufig mit Kindergarten- und Grundschulkindern erfolgreich durchgeführt habe. Nicht nur die Freude und Begeisterung der Kinder, sondern auch die positiven Rückmeldungen und Anfragen meiner Kolleginnen und Kollegen nach Stundenbildern zu diesen Einheiten haben mich dazu veranlasst, meine gesammelten Themenstunden zu überarbeiten und für alle interessierten Erzieherinnen[1] und pädagogischen Fachkräfte in diesem Buch zu veröffentlichen.

Ich würde mich freuen, wenn Sie dieses Praxisbuch in Zukunft in Ihrer Arbeit begleitet und bei der Durchführung von Spiel-, Turn- und Bewegungseinheiten mit Ihren Kindern unterstützt.

Die vorliegenden Bewegungsstunden widmen sich je einem Material aus der Natur- oder Alltagswelt. Diese Materialien haben den Vorteil, dass sie leicht verfügbar und kostengünstig zu beschaffen sind, wenig Platz benötigen und den Kindern viele Möglichkeiten zum eigenständigen Erkunden und kreativen Ausprobieren bieten.

Abwechslung und immer wieder neue Erfahrungen mit bekannten oder noch unbekannten Materialien sorgen bei den Kindern für unheimlich viel Motivation, erzeugen Spannung und lassen jede Stunde zu einem unvergesslichen Highlight werden.

Besonders lebendig werden die Turneinheiten durch den Einsatz von Geschichten, Gedichten, Liedern, Tänzen und Rätseln, die zwischen den verschiedenen Spielen und sportlichen Übungen ihren Platz finden. So bietet sich den Kindern neben vielfältigen Sinnes- und Bewegungserfahrungen auch die Möglichkeit, sich auf aktive und spielerische Art und Weise mit einem Thema oder einem Material zu befassen und ihr Wissen zu erweitern.

Die Bewegungsstunden tragen zur gesamten Persönlichkeitsentwicklung der Kinder bei. Sie wirken sich positiv auf die körperliche, gesundheitliche und motorische Entwicklung der Kinder aus, indem sie den Bewegungsdrang der Kinder aufgreifen, ihr Bewegungsbedürfnis befriedigen und vielfältige Bewegungsanreize schaffen.

Auch die personale, soziale und kognitive Entwicklung sowie die Entwicklung von Sprache und Wahrnehmung wird hier auf spielerische Art und Weise gefördert.

Dabei stehen Spaß, Spannung und Bewegungsfreude stets im Vordergrund.

[1] Aus Gründen der besseren Lesbarkeit haben wir in diesem Buch durchgehend die weibliche Form verwendet. Natürlich sind damit auch immer Männer gemeint, also Erzieher, Pädagogen und Fachanleiter etc.

Vom Kastanien-Parcours bis zum Zeitungsfangen

Hinweise zu den Bewegungsstunden

Dauer

Die Bewegungsstunden sind für einen Zeitrahmen von ca. 60 Minuten konzipiert. Abhängig von den Rahmenbedingungen der Gruppe, Ihrer Spielauswahl sowie Ihrer persönlichen Art der Durchführung kann die Dauer der Turneinheit jedoch sehr unterschiedlich sein. Dies sollten Sie bei der Planung berücksichtigen.

Ort

Eine nicht vorhandene Turnhalle sollte kein Grund sein, nicht mit den Kindern sportlich aktiv zu werden. Nahezu alle Spiele lassen sich auch in einem kleineren Bewegungsraum, dem Gemeindesaal oder einem frei geräumten Gruppenraum durchführen. Darüber hinaus können viele Spiele auch im Freien gespielt werden.

Material

Bei der Ausarbeitung der Spiel- und Sportstunden war es mir besonders wichtig, dass die Umsetzung keinen großen Aufwand bedeutet und sich so leicht in den Kitaalltag integrieren lässt.

- Anhand der zu Beginn jeder Stunde aufgeführten Materialliste können Sie schnell und einfach feststellen, welche Dinge für die komplette Stunde mit allen Angeboten benötigt werden. Aber auch bei jedem Angebot sind die benötigten Materialien noch einmal aufgeführt.

- Den Hauptbestandteil jeder Stunde bildet das jeweilige Natur- bzw. Alltagsmaterial, welches meist in und um die Einrichtung herum vorhanden oder leicht zu besorgen ist.

- Alle weiteren Materialien, wie Langbänke, Hütchen, Seile oder Matten, sind in den meisten Einrichtungen vorhanden und ergänzen und bereichern die Spiele mit den Natur- und Alltagsmaterialien.

- Auf den Einsatz von Großgeräten habe ich bewusst verzichtet, da sie oft entweder gar nicht vorhanden sind oder der Aufbau sehr aufwändig und zeitintensiv ist. Natürlich steht es Ihnen frei, einzelne Spiele oder Übungen durch den Einsatz von Geräten zu erweitern.

- Die Lieder und Geschichten, die für einige Angebote benötigt werden, können Sie entweder direkt aus dem Buch vorlesen oder nach Bedarf kopieren. Für eine gute Lesbarkeit wurde darauf geachtet, dass die Schrift etwas größer ist.

Altersgruppe

Sowohl die Dreijährigen als auch die großen Vorschulkinder sind vom Turnen und Sportmachen begeistert. Bei vielen Spielen und Bewegungsaufgaben haben Sie die Möglichkeit, die Anforderungen entsprechend der Altersgruppe anzupassen, indem Sie z. B. die Hilfestellung oder den Aufbau der Parcoursstrecken variieren. Die Stunden sollten Sie im Allgemeinen so differenziert wie möglich gestalten, sodass die einzelnen Kinder im Großen und Ganzen weder über- noch unterfordert werden.

Gruppengröße

Die Bewegungsstunden lassen sich sowohl mit Kleingruppen ab sechs Kindern als auch mit ganzen Kindergartengruppen durchführen. Eine Gruppengröße von 10–16 Kindern wäre ideal.

Stundenaufbau

Die Bewegungsstunden beginnen stets mit einer Einheit, bei der das jeweilige Natur- oder Alltagsmaterial eingeführt wird. Dabei werden die Kinder auf die Stunde eingestimmt und mit dem Material vertraut gemacht. Im Hauptteil wechseln sich bewegungsintensive und ruhigere Spiele, Übungen und Bewegungsaufgaben ab. Den Abschluss bildet eine Einheit zum Entspannen, wie beispielsweise eine Massage, eine Traumreise oder ein ruhiges Spiel.

Spielauswahl

Der Inhalt der Stunden ist meist so umfangreich, dass Sie bedenkenlos ein oder zwei Spiele weglassen können, falls Sie beispielsweise das benötigte Material nicht haben, Sie das Spiel für die Kindergruppe oder für sich persönlich unpassend finden oder die Einheit für Ihre Gruppe ansonsten zu lang dauert.
Genauso können Sie einzelne Spiele auch mehrmals hintereinander spielen. Das hängt ganz von der Motivation der Kinder und Ihrem persönlichen Empfinden ab. Kinder lieben das Neue ebenso wie das Vertraute. Deshalb finden sich in den einzelnen Bewegungsstunden sowohl viele neue als auch bereits bekannte Spiele aus anderen Stundenbildern, die in ähnlicher oder abgewandelter Form wieder auftauchen.
Die gewählten Spiele und sportlichen Übungen bieten viel Abwechslung. Es gibt Einzel-, Partner-, und Gruppenaufgaben, Spiele mit und ohne Gewinner/Verlierer, Kreisspiele oder Mannschaftswettkämpfe. Neben Sport und Bewegung fließen dabei auch Elemente aus den Bereichen Musik, Gesang, Rhythmik und Tanz mit ein. Geschichten, Gedichte oder Rätsel fordern und fördern das Wissen der Kinder über das jeweilige Material, das den thematischen Mittelpunkt der Stunde bildet.

Sicherheitsaspekt

Alle hier genannten Spiele und Übungen wurden sorgfältig ausgewählt und in der Praxis getestet. Durch den minimalen Einsatz von großen Sportgeräten ist das Unfallrisiko gering. Dennoch liegt es in Ihrer Verantwortung, die Kinder auf eventuelle Gefahrenquellen hinzuweisen und entsprechende Sicherheitsanweisungen zu geben. Beachten Sie bitte insbesondere folgende Punkte:

Organisatorisches:

- Achten Sie auf den Zustand des Turnraumes. Der Boden muss frei von Nässe und Verunreinigungen sein.

- Überprüfen Sie bei der Benutzung Geräte oder Spielmaterialien auf erkennbare Mängel.

- Verwenden Sie beim Einsatz von größeren Geräten rutschfeste Matten zur Absicherung.

- Räumen Sie nicht mehr benötigte Sportgeräte weg, um Stolperfallen und unnötige Gefährdungen zu vermeiden.

- Wählen Sie Ihren Standort stets so aus, dass Sie die Kindergruppe gut überblicken können.

- Legen Sie Wert auf geeignete Sportkleidung und Turnschuhe für die Kinder.

- Armbanduhren, Schmuck und Brillen werden vor der Bewegungsstunde abgelegt.

- Lange, offene Haare sollen mit einem Haarband zusammengehalten werden.

Bitte beachten Sie auch die **Sicherheitshinweise** im Buch.

Vom Kastanien-Parcours bis zum Zeitungsfangen

Spiel und Sport mit
Kastanien

Material für diese Stunde:

- ☑ viele Kastanien in einer Kiste oder einem Korb

- ☑ pro Kind 1 Löffel

- ☑ Reifen

- ☑ Fehler-Geschichte „Die Kastanie" (s. Kopiervorlage, S. 9)

- ☑ Materialien für 2 Parcoursstrecken (z. B. Seile, Hütchen, Reifen, Kasten, Eimer)

- ☑ 2 Kastanienwürfel (s. Kopiervorlage, S. 12)

- ☑ Massage-Geschichte „Der Kastanienkönig" (s. Kopiervorlage, S. 14)

- ☑ evtl. Matten/Decken

Einführung: Kullernde Kastanie

Material: ⬤ pro Kind 1 Kastanie

So geht es: Setzen Sie sich mit den Kindern in einen großen Kreis auf den Boden. Vor Ihnen liegen die Kastanien. Nun nennen Sie den Namen eines Kindes und rollen diesem eine Kastanie zu. Hat dieses Kind die Kastanie gefangen, rufen Sie den Namen eines anderen Kindes und rollen diesem eine Kastanie zu. Dies wiederholen Sie so lange, bis jedes Kind eine Kastanie hat. Kommen Sie nun mit den Kindern ins Gespräch über Kastanien und lassen Sie die Kinder die Kastanien in Ruhe entdecken. Sie können sie anschauen, erfühlen, daran riechen etc.

Geschicklichkeitsübungen mit der Kastanie

Material: ⬤ pro Kind 1 Kastanie
⬤ pro Kind 1 Löffel

So geht es: Die Kinder verteilen sich im Raum. Jedes Kind erhält eine Kastanie und einen Löffel. Die Kastanie wird nun auf den Löffel gelegt. So sollen die Kinder sie vorsichtig durch den Raum transportieren, ohne dass sie herunterfällt. Nach einiger Zeit versuchen die Kinder, den Löffel in der anderen Hand zu halten und so die Kastanie zu transportieren. Anschließend kommen weitere Bewegungsaufgaben hinzu, z. B.:

⬤ große/kleine Schritte machen, Fersen an die Zehen setzen
⬤ rückwärtslaufen
⬤ sich einmal hinsetzen und wieder aufstehen
⬤ die Kastanie auf den Boden legen und mit dem Löffel durch den Raum rollen

⬤ auf den Zehenspitzen gehen
⬤ auf den Fersen gehen
⬤ sich einmal im Kreis drehen
⬤ fünf Sekunden auf einem Bein stehen
⬤ den Löffel während des Gehens mit einem anderen Kind tauschen

Fehler-Geschichte

Material: ⬤ pro Kind 1 Kastanie
⬤ Geschichte „Die Kastanie" (Kopiervorlage, S. 9)

Vorbereitung: (nach Bedarf) Kopieren Sie sich die Kastanien-Geschichte (S. 9).

So geht es: Setzen Sie sich mit den Kindern in einen Kreis auf dem Boden. Vor jedem Kind liegt eine Kastanie. Lesen Sie den Kindern die Geschichte über die Kastanie vor (S. 9). Darin haben sich einige Fehler eingeschlichen (= farbige Textstellen). Nach jedem Satz sollen die Kinder entscheiden, ob die Aussage richtig oder falsch ist. Glauben sie, die Aussage sei richtig, nehmen sie eine Kastanie in die Hand, glauben sie die Aussage sei falsch, lassen sie die Kastanie liegen. Bei einer falschen Aussage überlegen Sie gemeinsam mit den Kindern, was die richtige Antwort (in Klammern) sein könnte.

Vom Kastanien-Parcours bis zum Zeitungsfangen

Die Kastanie

Die Kastanie ist ein Laubbaum, an dem im Frühling schöne weiße oder rosafarbene Blüten blühen.

Im Sommer spendet sie viel Schatten mit ihren großen grünen Blättern.

Im Herbst verfärben sich ihre Blätter **rosa und lila** (gelb und braun).

Die Samen des Kastanien-Baumes heißen Kastanien. Wenn sie am Baum hängen, sind sie von einer grünen, stacheligen Schale umgeben.

Im **Winter** (Herbst) fallen diese Stachelkugeln vom Baum.

Wenn sie den Boden berühren, platzt die dicke, stachelige Hülle auf und heraus kullern die schönen, **schwarz-weiß gestreiften** (braunen) Kastanien.

Ihre Oberfläche ist ganz braun und glatt und an der Unterseite haben sie einen **blauen** (weißlichen) Fleck.

Viele Tiere fressen die Kastanien sehr gerne, z. B. Rehe, Hirsche oder Eichhörnchen.

Auch **Hasen** (falsch!) knabbern gerne Kastanien.

Die Kastanien, die nicht gefressen werden, bleiben über den Winter im Boden liegen. Im Frühling kann aus ihnen ein neuer Kastanienbaum wachsen.

Es dauert nur **zwei Tage** (viele Jahre), bis aus der kleinen Kastanie ein großer Kastanienbaum gewachsen ist.

Kastanienbäume können über 200 Jahre alt werden.

Vom Kastanien-Parcours bis zum Zeitungsfangen

Eichhörnchen auf Futtersuche

Material: 🌰 pro Kind ca. 4–5 Kastanien
🌰 4 Reifen

Vorbereitung: Legen Sie in jede Ecke des Raumes einen Reifen und verteilen Sie die Kastanien in der Mitte des Raumes auf dem Boden.

So geht es: Die Kinder werden in vier Gruppen aufgeteilt. Jede Gruppe spielt eine Eichhörnchen-Familie auf Futtersuche und hat in einer Raumecke ein Loch (einen Reifen) für ihre Wintervorräte. Die Kastanien liegen verteilt in der Mitte des Raumes. Beim Startsignal sammeln die Eichhörnchen die Kastanien und bringen sie zu ihrem Loch. Pro Lauf darf nur eine Kastanie transportiert werden. Wird diese in den Reifen gelegt, darf die nächste geholt werden. Sind alle Kastanien aufgesammelt, wird gezählt, welche Familie die meisten Kastanien gesammelt hat.

Tick-tack-tock

Material: 🌰 pro Kind 1 Kastanie

So geht es: Die Kinder sitzen auf dem Boden im Kreis. Vor jedem Kind liegt eine Kastanie. Alle Kastanien sollen nun rhythmisch einmal im Kreis wandern. Dazu werden folgende Worte gesprochen und die dazugehörigen Bewegungen ausgeführt:

TICK (mit der Kastanie auf den Boden klopfen)
TACK (mit der Kastanie an die Brust klopfen)
TOCK (die Kastanie vor dem rechten Nachbarn ablegen)
STOP (in die Hände klatschen)

Nun wird das Spiel mit der nächsten Kastanie wiederholt. Am Anfang wird der Rhythmus noch sehr langsam gesprochen. Wenn alle Kinder sicher sind, kann das Tempo nach und nach erhöht werden. Außerdem kann die Lautstärke variiert werden (laut sprechen, leise sprechen, flüstern).

Vom Kastanien-Parcours bis zum Zeitungsfangen

Kastanien-Parcours

Material:
- Material zum Aufbau von 2 Parcoursstrecken (Hütchen, Seile, Reifen, Kasten, Eimer)
- 1 Kiste/1 Korb
- 2 Löffel
- 2 Kastanienwürfel (Kopiervorlage, S. 12)

Vorbereitung: Basteln Sie zwei Kastanienwürfel mit Hilfe der Kopiervorlage (S. 12). Bauen Sie zwei identische Parcoursstrecken auf, z. B. mit einer Startlinie, Hütchen zum Slalom-Laufen, einem Seil zum Balancieren, mehreren Reifen zum Durchsteigen, einem kleinen Kasten zum Darübersteigen und einem Eimer am Ende jeder Strecke.

So geht es: Zwei Mannschaften müssen gegeneinander die Strecken bewältigen. Zwischen den beiden Teams steht eine Kiste voller Kastanien.

Das erste Kind jeder Mannschaft bekommt einen Löffel. Beim Startsignal laufen die beiden ersten Kinder los, holen sich mit dem Löffel eine Kastanie aus der Kiste und befördern diese durch den Parcours. Am Ende jeder Strecke steht ein Eimer. In diesen muss die Kastanie gelegt werden. Danach rennt das Kind zurück zu seiner Mannschaft und übergibt dem nächsten Kind den Löffel. Dieses darf sich damit nun eine Kastanie holen und den Parcours durchqueren. Ist die Kiste leer, wird gezählt, welche Mannschaft mehr Kastanien in ihrem Eimer gesammelt hat. Diese ist Sieger! In der zweiten Runde wird die Kastanie auf den Boden gelegt und muss mit dem Löffel durch den Parcours gerollt werden.

In der dritten Runde steht der Eimer am Ende der Strecke, ca. einen Meter hinter der Ziellinie. Die Kinder versuchen, von dieser Linie aus ihre Kastanie in den Eimer zu werfen. Es zählen am Ende nur die Kastanien im Eimer.

In Runde vier würfeln die Kinder vor dem Lauf mit dem Kastanien-Würfel. Dann dürfen sie sich aus der Kiste die gewürfelte Anzahl an Kastanien herausnehmen, durch den Parcours transportieren (ohne Löffel, in den Händen oder im T-Shirt) und am Ende in den Eimer werfen. Am Ende zählen Sie wieder, welche Mannschaft mehr Kastanien im Eimer hat.

Entscheiden Sie je nach Stimmung der Kinder, ob Sie alle vier Runden durchführen.

Kastanienwürfel

Kopieren Sie den Würfel 2-mal, schneiden Sie ihn aus und falten Sie ihn an den gestrichelten Linien vor. Tragen Sie dann auf die Laschen Klebstoff auf und kleben Sie den Würfel zusammen.

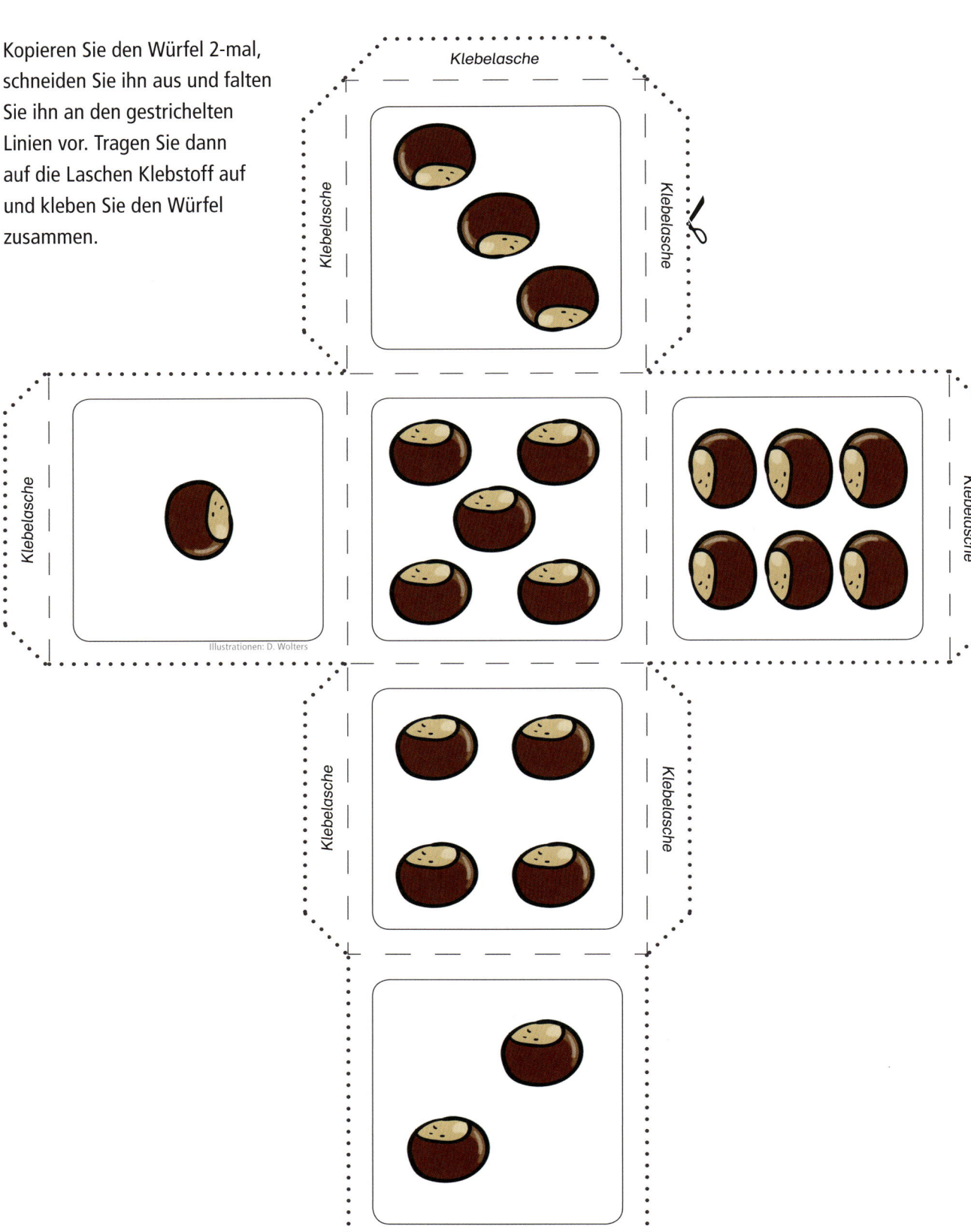

Illustrationen: D. Wolters

Vom Kastanien-Parcours bis zum Zeitungsfangen

© Verlag an der Ruhr | Autorin: S. Gottschalk | Illustr.: D. Wolters; Kastanienblätter
© Kautz15 – Fotolia.com | ISBN 978-3-8346-3606-5 | www.verlagruhr.de

Balance-Lauf

Material:
- ● pro Kind 1 Löffel und 1 Kastanie
- ● 1 Kastanien-Würfel (Kopiervorlage, S. 12)

Vorbereitung: Alle Kinder stehen an einer Seite des Raumes in einer Reihe nebeneinander und halten einen Löffel in der Hand. Auf diesen legen sie ihre Kastanie. Würfeln Sie nun mit dem Kastanien-Würfel und nennen Sie die gewürfelte Zahl bzw. lassen Sie diese von den Kindern sagen. Jedes Kind darf nun so viele Schritte vorwärtsgehen, wie die Augenzahl auf dem Würfel anzeigt. Fällt dabei einem Kind die Kastanie herunter, muss es zum Start zurück. Würfeln Sie erneut, die Kinder können weitergehen. Wer möglichst große Schritte macht, kommt schneller ans Ziel. Allerdings ist dabei auch die Gefahr größer, die Kastanie zu verlieren. Das Kind, das als Erstes auf der anderen Seite des Raumes ankommt, hat gewonnen und darf als Nächstes würfeln.

So geht es: Sie können die Regel zum Zurückgehen auch dahingehend abwandeln, dass das Kind nur die Schritte entsprechend der jeweils gerade gewürfelten Augenzahl zurückgehen muss.

Abschluss: Kastanien-Massage

Material:
- ● pro Kinderpaar 1 Kastanie
- ● „Der Kastanienkönig" (Kopiervorlage, S. 14)
- ● evtl. Decken/Matten

Vorbereitung:
(nach Bedarf) Kopieren Sie sich die Geschichte „Der Kastanienkönig" (S. 14).

So geht es: Die Kinder gehen paarweise zusammen. Ein Kind legt sich in Bauchlage auf den Boden oder auf eine Decke/Matte. Das andere Kind erhält eine Kastanie und setzt sich daneben, sodass es auf den Rücken des liegenden Kindes mit der Kastanie malen kann. Nehmen Sie einen Platz ein, an dem Sie von allen Kindern gut gesehen werden können. Lesen Sie die Geschichte „Der Kastanienkönig" vor und machen mit Ihrer Kastanie die Massagebewegungen auf den Boden oder in der Luft (oder bei ungleicher Kinderanzahl auf den Rücken eines Kindes) vor. Dazu malen die Kinder mit der Kastanie auf den Rücken ihres Partners.
Nach einem Durchgang werden die Rollen getauscht.

Der Kastanienkönig

Es war einmal ein alter Kastanienbaum (Baum malen). Der stand schon viele Jahre in einem Park und jedes Jahr im Herbst fielen viele wunderschöne Kastanien von seinen Zweigen herab (mit der Kastanie kreuz und quer auf den Rücken klopfen). Oft kamen Kinder vorbei (mit der Kastanie von unten nach oben über die Arme klopfen) und haben die Kastanien aufgesammelt.

Nun war der Sommer fast zu Ende und am Kastanienbaum hingen viele Kastanien, umgeben von einer stacheligen grünen Schale (Zacken auf den Rücken malen). Die Kinder kamen jeden Tag, liefen um den Baum herum (mit der Kastanie auf dem Rücken kreisen) und warteten sehnsüchtig, dass die Kastanien bald zu Boden fielen. Dabei bemerkten sie eine besonders große Stachelkugel (großen Kreis malen). Ob sich in dieser Schale wohl auch eine so große Kastanie befand?

Die Kinder kamen jeden Tag und beobachteten den Baum. Und schon bald fielen die ersten Kastanien auf die Erde (vereinzelt auf den Rücken klopfen). Doch die große Kastanie hing weiterhin fest im Baum. Da kam ein leichter Wind auf und fegte durch die Zweige (mit der Kastanie hin- und herstreichen). Wieder fielen viele Kastanien auf den Boden (auf den Rücken klopfen). Doch die große Kastanie war nicht dabei. Plötzlich wurde der Wind stärker (schneller hin- und herstreichen) und entwickelte sich schließlich zu einem richtigen Wirbelsturm (in schnellen Kreisen über den Rücken gleiten). Da fiel die große Kastanie zu Boden (einmal auf den Rücken klopfen). Die große Schale brach auf und zum Vorschein kam eine riesige glänzende Kastanie (großen Kreis auf den Rücken malen).

Begeistert sammelten die Kinder die Kastanie auf und nahmen sie mit nach Hause. Dort malten sie zwei Augen (zwei Augen malen), eine Nase (eine Nase malen) und einen Mund (einen Mund malen) auf die Kastanie.

Zum Schluss bastelten sie noch eine Krone und klebten diese auf den Kopf. So entstand der Kastanienkönig (Krone malen).

Vom Kastanien-Parcours bis zum Zeitungsfangen

© Verlag an der Ruhr | Autorin: S. Gottschalk | Illustr.: D. Wolters; Kastanienblätter © Kautz15 – Fotolia.com | ISBN 978-3-8346-3606-5 | www.verlagruhr.de

Spiel und Sport mit
Blättern

Material für diese Stunde:

- ☑ 2–3 große Müllsäcke mit getrocknetem Herbstlaub gefüllt (in unterschiedlichen Farben, Größen und von verschiedenen Bäumen)

- ☑ Musik zum Bewegen, Abspielgerät

- ☑ 3 große Blätter, eines in Grün, eines in Gelb, eines in Braun (echte Blätter oder aus Papier gebastelt)

- ☑ 1 Besen

- ☑ viele Kastanien oder Eicheln

- ☑ 4 leere Eierkartons (10er)

- ☑ 4 Eimer

- ☑ 2 zusätzliche Müllsäcke

Einführung: Blätterwald

Material: 🌀 2–3 große Müllsäcke gefüllt mit gesammeltem und getrocknetem Herbstlaub in verschiedenen Farben und Größen und von unterschiedlichen Bäumen

So geht es: Erklären Sie den Kindern zu Beginn der Stunde, dass Sie heute im Blätterwald turnen möchten. Diesen wollen Sie nun gemeinsam errichten. Hierfür dürfen sich die Kinder die Blätter aus den Müllsäcken herausholen und überall im Raum verteilen.

Achtung: Achten Sie darauf, dass kein Kind in einen Müllsack hineinkriecht oder den Kopf hineinsteckt!

Geben Sie den Kindern genügend Zeit, um sich mit dem Laub zu beschäftigen, es zu verteilen, zu erfühlen, hochzuwerfen, sich darauf zu legen usw. Erst nach einer ausgiebigen Experimentierphase sammeln Sie die Kinder wieder bei sich und beginnen mit dem ersten Spiel.

Suchspiel

Material: 🌀 Laub
🌀 Musik zum Bewegen, Abspielgerät

So geht es: Machen Sie Musik an, zu der sich die Kinder durch den Blätterwald bewegen können. Stoppen Sie hin und wieder die Musik und nennen den Kindern dabei eine Suchaufgabe, die sie ausführen sollen:

🌀 Findet ein grünes/rotes/gelbes/braunes/buntes Blatt.
🌀 Findet ein rundes Blatt.
🌀 Findet ein möglichst großes/kleines Blatt.

🌀 Findet ein Blatt mit einer/zwei/drei/vier/fünf Spitze(n).
🌀 Findet ein Blatt mit einem glatten/zackigen Rand.

Die Blätter verwandeln sich

Material: 🌀 je 1 großes Blatt in Grün, Gelb und Braun (echte Blätter oder aus Papier gebastelt)
🌀 Musik zum Bewegen, Abspielgerät

So geht es: Die Kinder stellen Blätter dar, die die drei Schritte der Blattverwandlung nachstellen. Erklären Sie den Kindern, für welche Zustände und Bewegungen die drei Blattfarben stehen:

🌀 Das grüne Blatt: Es symbolisiert, dass das Blatt frisch und kräftig ist. ⇨ Die Kinder stellen sich fest mit beiden Füßen auf den Boden, strecken die Arme nach oben und spreizen ihre Finger.

🌀 Das gelbe Blatt: Es erscheint etwas kraftlos und hat nur noch wenig Halt am Baum.
⇨ Die Kinder stehen auf einem Bein und lassen die Arme schlapp neben dem Körper hängen.

🌀 Das braune Blatt: Es kann sich nicht mehr am Baum halten, ist welk und fällt zu Boden.
⇨ Die Kinder legen sich zu den Blättern auf den Boden.

Schalten Sie die Musik an. Die Kinder bewegen sich dazu. Bei Musikstopp halten Sie eines der drei Blätter hoch. Jetzt stellen die Kinder die entsprechende Bewegung dar und halten sie. Die Musik startet wieder und das Spiel geht weiter.

Vom Kastanien-Parcours
bis zum Zeitungsfangen

Der Blätterweg

Material: 🥥 Laub
🥥 1 Besen
🥥 pro Kind 1 Kastanie

Vorbereitung: Kehren Sie die Blätter zu einem langen Weg zusammen.

So geht es: Die Kinder stellen sich in einer Reihe hintereinander am Anfang des Weges auf. Nun soll der Weg auf verschiedene Art und Weise durchquert werden. Fragen Sie die Kinder zuerst, ob sie dazu Ideen haben. Das Kind, das einen Vorschlag gemacht hat, darf die Schlange anführen und den Weg auf die vorgeschlagene Art und Weise durchqueren. Die anderen Kinder folgen ihm. Am Ende des Weges angelangt, laufen die Kinder wieder zum Anfang zurück. Nun wird eine neue Idee umgesetzt. Fällt den Kindern nichts mehr ein, können Sie noch einige Vorschläge einbringen und mit den Kindern umsetzen, z. B.:
🥥 auf beiden Beinen oder auf einem Bein über den Weg hüpfen
🥥 auf allen vieren oder im Spinnengang durch die Blätter krabbeln
🥥 möglichst leise über die Blätter gehen
🥥 sich selbst über die Blätter rollen
🥥 versuchen, nur auf gelbe/rote/braune Blätter zu steigen
🥥 eine Kastanie mit dem Fuß durch die Blätter rollen

Laubhaufen-Versteck

Material: 🥥 Laub
🥥 1 Besen
🥥 4 10er-Eierkartons, gefüllt mit Kastanien (alternativ andere kleine Dinge zum Verstecken, z. B. Eicheln)

Vorbereitung: Kehren Sie das Laub zu zwei etwa gleich großen Haufen zusammen, die sich in einiger Entfernung zueinander in der Halle befinden.

So geht es: Teilen Sie die Kinder in zwei Mannschaften ein und geben Sie jeder Mannschaft je zwei Zehner-Eierkartons, die mit je zehn Kastanien gefüllt sind. Nun darf jede Mannschaft zu einem Haufen gehen und die Kastanien darin verstecken. Die leeren Kartons stellen die Kinder dann neben dem Haufen ab. Jetzt gehen die Kinder zu dem jeweils anderen Laubhaufen und stellen sich ringsherum auf. Sobald Sie das Startsignal geben, müssen die Kinder möglichst schnell versuchen, alle Kastanien im Laubhaufen zu finden und in ihre Eierkartons einzusortieren. Die Mannschaft, die als erste alle 20 Kastanien gefunden und in die Eierkartons einsortiert hat, ist Sieger.

Blätter einsammeln

Material: ⬤ Laub
⬤ 4 Eimer
⬤ 4 Müllsäcke

So geht es: Teilen Sie die Kinder in mehrere Mannschaften ein. Jede Mannschaft erhält einen Eimer und einen Müllsack und stellt sich damit in je eine Ecke des Bewegungsraumes. Sobald Sie das Startsignal geben, ist es die Aufgabe der Kinder, die Blätter einzusammeln und in ihren Eimer zu legen. Ist der Eimer voll, wird dieser in den Müllsack ausgeleert. Welche Mannschaft hat als erste ihren Müllsack voll?
Dieses Spiel erfordert zwar etwas Ausdauer, macht jedoch viel Spaß und hilft Ihnen dabei, am Ende der Stunde die Blätter wieder einzusammeln. Achten Sie wieder auf den sachgerechten Umgang mit den Müllsäcken!

Abschluss: Herbstbaum

Material: ⬤ pro Kind 1 Blatt
⬤ 1 Eimer

So geht es: Die Kinder bilden einen Kreis. In der Mitte steht ein Eimer mit Herbstblättern. Ein Kind wird ausgewählt und spielt nun den Baum. Als Baum fühlt das Kind sich fest in der Erde verwurzelt, der Baumstamm steht gerade am Boden. Das Kind breitet die Arme aus: Dies sind seine Äste. Ein Kind nach dem anderen legt dem „Herbstbaum" nun ein Blatt auf Äste (Arme) und Baumkrone (Kopf). Das Kind muss nun sehr ruhig stehen, damit die Blätter nicht herunterfallen. Die Kinder im Kreis fassen sich daraufhin an den Händen. Sie sind der Herbstwind, der immer stärker bläst. Alle versuchen, die typischen Pfeif- und Pustegeräusche nachzuahmen. Die Äste des Baumes beginnen, sich nun zu bewegen, immer stärker und stärker, bis alle Blätter am Boden liegen.
Den Baum zu spielen, ist sehr schwierig! Diese Rolle sollten eher die größeren Kinder übernehmen.

Spiel und Sport mit
Steinen

Material für diese Stunde:

- ☑ viele verschiedene kleinere Kieselsteine und/oder (Halb-)Edelsteine

- ☑ Musik zum Bewegen (oder Handtrommel) und Musik zum Entspannen, Abspielgerät

- ☑ Geschichte „Was kann ein Stein schon sein?" (Kopiervorlage, S. 24)

- ☑ Material zum Aufbau von 2 identischen Parcoursstrecken (z. B. Startlinie, Seile, Hütchen, Reifen, Eimer)

- ☑ evtl. Fotoapparat

Sicherheitshinweis:

Erstellen Sie mit den Kindern Regeln zum richtigen Umgang mit dem Stein. Damit beugen Sie Unfällen vor und tragen zur Erweiterung der Sozialkompetenz der Kinder bei.

Einführung: Steinsuppe

Material: 🪨 pro Kind 1 Kieselstein und einige weitere Steine

Vorbereitung: Legen Sie alle Steine in die Raummitte.

So geht es: Setzen Sie sich mit den Kindern im Kreis um die Steine herum. Erklären Sie den Kindern nun, dass Sie heute für die Turnstunde viele verschiedene Steine mitgebracht haben. Nennen Sie einige Adjektive, mit denen die Steine bezeichnet werden können, z. B. groß, klein, rund, oval, eckig, spitz, kantig, glatt, rau, glitzernd, hübsch, geheimnisvoll, grau, braun, leicht, schwer usw. Sie können auch gemeinsam mit den Kindern Begriffe sammeln.
Nun blinzeln Sie einem Kind zu. Dieses darf sich daraufhin einen Stein aus der Mitte holen. Das Kind darf den Stein nun genau betrachten, befühlen und den andern Kindern eine Eigenschaft sagen, wie sein Stein beschaffen ist bzw. was an ihm besonders ist. Danach blinzeln Sie dem nächsten Kind zu usw., bis sich auch das letzte Kind einen Stein ausgesucht hat. Die übrigen Steine sammeln Sie wieder ein.

Geschicklichkeitsübungen mit dem Stein

Material: 🪨 pro Kind 1 Kieselstein
🪨 Musik zum Bewegen (oder Handtrommel), Abspielgerät

So geht es: Die Kinder haben ihren Stein in der Hand und dürfen sich zur Musik (oder zum Trommelrhythmus) durch die Halle bewegen. Bei Musikstopp nennen Sie eine Aufgabe, die von den Kindern ausgeführt werden soll. Sobald die Musik wieder einsetzt, dürfen sich die Kinder wieder frei bewegen. Sie können beispielsweise folgende Aufgaben stellen:

- 🪨 den Stein auf der flachen Handinnenseite balancieren (rechte und linke Hand)
- 🪨 den Stein auf der Ober-/Unterseite des Unterarms transportieren (rechter und linker Arm)
- 🪨 den Stein zwischen die eigene und die Hand eines Partners legen, zusammendrücken und umherlaufen, ohne dass der Stein herausfällt
- 🪨 beim Umherlaufen mit dem Stein eines anderen Kindes „abklatschen"

- 🪨 den Stein auf dem Handrücken balancieren (rechte und linke Hand)
- 🪨 den Stein auf dem Kopf balancieren
- 🪨 den Stein unter das Kinn klemmen und transportieren
- 🪨 den Stein einmal vorsichtig hochwerfen und wieder auffangen
- 🪨 beim Umherlaufen den Stein mit einem anderen Kind tauschen

Vom Kastanien-Parcours
bis zum Zeitungsfangen

Klick-klack

Material: 🪨 pro Kind 1 Kieselstein

So geht es: Die Kinder sitzen im Kreis. Jedes Kind hat einen Stein in der Hand. Nun soll mit dem Stein rhythmisch auf den Boden geklopft werden. Geben Sie dabei verschiedene Varianten vor:
- 🪨 auf den Boden klopfen
- 🪨 rhythmisch und gleichzeitig auf den Boden klopfen
- 🪨 schneller werden, langsamer werden
- 🪨 leise werden, laut werden

Nach dieser Experimentierphase können Sie folgenden Sprechgesang einführen:

Klick-klack klingen Steine,
Klick-klack immerzu,
Klick-klack immer weiter,
Klick-klack, jetzt kommst du!

Beim zweiten Durchgang können die Kinder bereits mitsprechen. Bei den Worten „klick" und „klack" wird jeweils einmal mit dem Stein auf den Boden geklopft. Bei dem Wort „du" wird der Stein vor dem rechten Nachbarn abgelegt. Die Kinder nehmen den neuen Stein und das Lied beginnt von vorne. Dabei können Sie auch die vorab ausprobierten Varianten umsetzen. Das Spiel ist zu Ende, wenn vor jedem Kind wieder sein ursprünglicher Stein liegt.

Kleine Maus, gib Acht!

Material: 🪨 viele Kieselsteine

So geht es: Die Kinder gehen jeweils zu zweit zusammen und erhalten ca. 10 Kieselsteine. Aus diesen dürfen sie nun irgendwo im Bewegungsraum einen Kreis auf den Boden legen, der groß genug für 1–2 Kinder ist.
Nun wird ein Kind zur Eule bestimmt, es ist der Fänger. Alle anderen Kinder spielen die Mäuse. Die Steinkreise stellen kleine Felshöhlen dar, in denen sich die Mäuse vor der Eule in Sicherheit bringen können. Machen Sie das Licht im Bewegungsraum an. Solange das Licht an ist, dürfen die Mäuse fröhlich zwischen den Steinhöhlen umherlaufen. Sobald Sie das Licht ausmachen bzw. dimmen, wird es Abend und die Eule geht auf Jagd. Die Mäuse versuchen nun, sich schnell in einer leeren Felshöhle in Sicherheit zu bringen. Hier können sie nicht gefangen werden. Die Eule versucht jetzt, von den übrigen freien Mäusen eine zu fangen. Hat sie eine Maus gefangen, wird diese Maus in der neuen Runde zur Eule. Das Licht geht an und das Spiel beginnt von vorne.

Hindernis-Parcours mit Steinen

Material: ● Material zum Aufbau von 2 Parcoursstrecken (z.B. Startlinie, 2 Seile, 8 Hütchen, 4 Reifen, 2 Eimer)
● pro Kind 1 Kieselstein

Vorbereitung: Bauen Sie zwei identische Parcoursstrecken auf. Nutzen Sie dafür beispielsweise Seile zum Balancieren, Hütchen zum Slalomlaufen und Reifen zum Durchsteigen. Am Ende jeder Strecke befindet sich eine Ziellinie. Ungefähr 1 m hinter dieser Linie steht ein Eimer.

So geht es: Teilen Sie die Kinder in zwei Mannschaften ein. Diese stellen sich an der Startlinie hintereinander in jeweils einer Reihe auf. Jedes Kind hat einen Stein. Beim Startsignal darf das erste Kind jeder Reihe loslaufen und den Parcours durchqueren. Vor der Ziellinie muss es stehen bleiben und versuchen, den Stein in den dahinterstehenden Eimer zu werfen. Dann rennt das Kind zu seiner Mannschaft zurück und klatscht das nächste Kind ab. Nun darf dieses den Parcours durchqueren. Wenn alle Kinder mindestens einmal gelaufen sind, wird gezählt, wie viele Steine jede Mannschaft in ihrem Eimer hat. Die Mannschaft mit den meisten Steinen hat gewonnen.
Natürlich können und sollen hier mehrere Durchgänge gespielt werden. Dabei kann die Transportweise variiert werden, z.B. kann der Stein auf der flachen Hand oder dem Handrücken, auf dem ausgestreckten Arm oder dem Kopf transportiert werden. Hierbei können Sie mit den Kindern überlegen, was passieren soll, wenn der Stein herunterfällt.

Vom Kastanien-Parcours bis zum Zeitungsfangen

Schnappgeschichte: „Was kann ein Stein schon sein?"

Material: 🪨 pro Kind 1 Kieselstein

🪨 Geschichte „Was kann ein Stein schon sein?" (Kopiervorlage, S. 24)

Vorbereitung: Kopieren Sie sich die Geschichte „Was kann ein Stein schon sein?" (S. 24)
(nach Bedarf)

So geht es: Die Kinder sitzen im Kreis. Vor jedem Kind liegt ein Stein. Lesen Sie nun die Geschichte „Was kann ein Stein schon sein?" vor. Immer wenn das Wort „Stein" vorgelesen wird, sollen sich die Kinder ihren Stein schnappen. Wer hat gut aufgepasst? Dann wird der Stein wieder abgelegt und Sie lesen weiter.

Wandernder Stein

Material: 🪨 1 (flaches) Steinchen

So geht es: Die Kinder stehen im Kreis. Legen Sie einem Kind ein flaches Steinchen auf den Handrücken. Es muss diesen Stein nun seinem rechten Partner ebenfalls auf den Handrücken legen, ohne ihn mit den Fingern zu nehmen und ohne dass er herunterfällt. So soll der Stein im Kreis herumwandern, ohne einmal herunterzufallen. Fällt er doch, beginnt die Runde an dieser Stelle von Neuem.

Abschluss: Umrisse legen

Material: 🪨 pro Kind viele Kieselsteine

🪨 Entspannungsmusik, Abspielgerät

🪨 evtl. Fotoapparat

Vorbereitung: Die Kinder gehen paarweise zusammen. Jedes Paar erhält viele Kieselsteine. Ein Kind legt sich
(nach Bedarf) auf den Rücken und kann die Augen schließen.

So geht es: Das andere Kind legt nun die Kieselsteine nah um den Körper des liegenden Kindes herum ab, bis der Umriss des Kindes gelegt ist. Währenddessen kann im Hintergrund leise Entspannungsmusik laufen. Sind alle Steine gelegt, machen Sie die Musik aus, die liegenden Kinder dürfen die Augen öffnen und vorsichtig aufstehen. Jetzt können sie ihren Körperumriss betrachten. Evtl. halten Sie das Bild mit einem Fotoapparat fest.
Dann werden die Steine wieder auf einen Haufen gelegt und die Kinder tauschen die Rollen. Das Spiel beginnt von vorne. Sollten Ihnen nicht so viele Steine zur Verfügung stehen, können auch alle Kinder gemeinsam den Umriss eines Kindes legen.

„Was kann ein Stein schon sein?"

Es war einmal ein kleiner Stein, der wollte was Besondres sein.

Schon lange lag er still und stumm an einem Wegesrand herum.

„Ich bin nur ein grauer Stein, möcht gerne jemand andres sein."

Das hörte eine kleine Maus und kam aus ihrem Loch heraus.

„Kleiner Stein, hör mir gut zu, wirklich wichtig, das bist du.

Ich lebe hier auf diesem Feld, doch sah ich schon die ganze Welt.

Und überall, wo ich schon war, gibt's Steine, die sind wunderbar.

Wackersteine, Feuersteine, Kieselsteine, große, kleine,

Grabsteine und Marmorstein, Edelsteine klar und rein.

Tropfsteine und wohl bekannt, der härteste Stein, der Diamant.

Als Höhlen, Felsen und noch mehr, bewundern euch die Menschen sehr.

Und ein Haus aus hartem Stein, lässt Wind und Regen nicht herein.

Alle Steine weit und breit, bieten Schutz und Sicherheit.

Und jeder Stein auf dieser Welt ist ein Teil, der sie zusammenhält.

Und du, bist du auch noch so klein, hast deinen Platz, so soll das sein."

Da wurd dem kleinen Stein schnell klar, dass er etwas Besondres war.

„Ich bin von dieser Welt ein Stück und das ist ein großes Glück."

Vom Kastanien-Parcours
bis zum Zeitungsfangen

© Verlag an der Ruhr | Autorin: S. Gottschalk | Löwenzahn: D. Wolters
Kastanienblätter © Kautz15 – Fotolia.com; Stein © Verlag an der Ruhr
ISBN 978-3-8346-3606-5 | www.verlagruhr.de

Spiel und Sport mit Stöcken

Material für diese Stunde:

- ☑ viele Stöcke, die unterschiedlich lang und dick sind
- ☑ Bewegungsgeschichte „Mein Stock" (Kopiervorlage, S. 27)
- ☑ eine Augenbinde pro Kind/ein Taschentuch pro Kind, das unter der Augenbinde auf die Augen gelegt wird
- ☑ pro Kind 1 Tennisball
- ☑ Material zum Aufbau von 2 Parcoursstrecken (z. B. Kegel, Seile, Hütchen)
- ☑ 2 Langbänke
- ☑ 4 Eimer
- ☑ Stift und einige Blätter Papier

Sicherheitshinweis:

Erstellen Sie mit den Kindern Regeln zum richtigen Umgang mit dem Stock. Damit beugen Sie Unfällen vor und tragen zur Erweiterung der Sozialkompetenz der Kinder bei.

Einführung: Mikado

Material: ⬤ pro Kind 1 Stock/Ast

Vorbereitung: Legen Sie in der Mitte des Raumes mehrere ca. 1 m lange, dünne Stöcke (pro Kind ein Stock) wie beim Mikado auf einen Haufen.

So geht es: Die Kinder setzen sich nun im Kreis um den Haufen herum. Bestimmen Sie ein Kind, das sich nun einen Ast holen darf. Es soll versuchen, den Ast vorsichtig vom Haufen zu nehmen, ohne dass dabei ein anderer Ast berührt wird oder wackelt. Sobald jedes Kind einen Ast hat, kann die Stunde beginnen.

Bewegungsgeschichte „Mein Stock"

Material: ⬤ Geschichte „Mein Stock" (Kopiervorlage, S. 27)

Vorbereitung:
(nach Bedarf) Kopieren Sie die Bewegungsgeschichte (S. 27).

So geht es: Jedes Kind hat seinen Stock in der Hand. Lesen Sie die Bewegungsgeschichte vor und spielen Sie diese gleichzeitig mit, sodass die Kinder die Bewegungsaufgaben sehen und nachahmen können.

Bello, dein Stöckchen ist weg!

Material: ⬤ 1 kurzes Stöckchen
⬤ pro Kind 1 Augenbinde oder 1 Taschentuch, das unter der Augenbinde auf die Augen gelegt wird

So geht es: Alle Kinder sitzen im Kreis auf dem Boden. Ein Kind wird zum Hund Bello gewählt. Dieses kniet sich in die Mitte des Kreises und bekommt die Augen verbunden, sodass es nichts mehr sieht. Vor seinem Kopf liegt sein Stöckchen.

Achtung: Wenn mehrere Kinder nacheinander drankommen, müssen Sie darauf achten, dass jedes Kind eine eigene Augenbinde hat oder ein Taschentuch über die Augen legt, bevor es die Augenbinde benutzt. Dies verhindert die Übertragung von Bindehautentzündungen.

Nun deuten Sie auf ein Kind. Dieses schleicht leise zum Stöckchen, nimmt es an sich und setzt sich wieder auf seinen Platz zurück. Alle Mitspieler nehmen die Hände auf den Rücken und rufen: „Bello, dein Stöckchen ist weg!" Bello „erwacht" und geht zu dem Kind, bei dem er sein Stöckchen vermutet. Er bellt. Daraufhin zeigt das Kind seine Hände. Hat es das Stöckchen, wird es zum neuen Bello. Sind seine Hände leer, geht der Hund zum nächsten Kind und bellt. Er hat drei Versuche. Findet er sein Stöckchen nicht wieder, zeigen alle ihre Hände und er kann sehen, wer das Stöckchen hat. Daraufhin wird ein neuer Bello bestimmt.

Vom Kastanien-Parcours bis zum Zeitungsfangen

Mein Stock

Mein Stock ist kein normaler Stock, kannst du's hören, tock-tock-tock.

(3-mal mit dem Stock an die Wand oder auf den Boden klopfen)

Nein, es ist ein Zauberstab, zaubert alles, was ich mag.

(den Stock wie einen Zauberstab durch die Luft schwingen)

Ist hart, man kann ihn nicht verbiegen, dafür wie auf 'nem Besen fliegen.

(den Stock zwischen die Beine nehmen und durch den Raum fliegen)

Genug geflogen, tock-tock-tock.

(3-mal mit dem Stock an die Wand oder auf den Boden klopfen)

Nun dient er mir als Wanderstock.

(Stock als Gehstock benutzen)

Was könnte dieser Stock noch sein? Eine Angel wäre fein!

(hinsetzen und den Stock wie eine Angel auswerfen und angeln)

Weiter geht's im Pferdeschritt, steige auf und mache mit!

(Stock zwischen die Beine und im Pferdchengalopp durch die Halle galoppieren)

Und kann einer nicht gut sehen, mit Blindenstock kann er doch gehen.

(Stock wie einen Blindenstock beim Laufen vor sich auf dem Boden hin- und herbewegen)

Möchte jemand sein ganz stark, hebt er Gewichte, jeden Tag!

(auf den Rücken legen, Stock mit beiden Händen auf Brusthöhe halten und einige Male nach oben stemmen)

Ein Dirigent braucht einen Stock, gibt den Takt an, tock-tock-tock.

(3-mal auf den Boden klopfen, dann Stab wie ein Dirigent schwingen)

Beim Balancieren auf dem Seile, hilft der Stock, nur keine Eile!

(Stab mit beiden Händen greifen und wie ein Artist auf einer Linie balancieren)

So ein Stock kann wirklich viel, zu Ende ist nun dieses Spiel!

© Verlag an der Ruhr | Autorin: S. Gottschalk | Illustr.: D. Wolters
Kastanienblätter © Kautz15 – Fotolia.com; Stock © Verlag an der Ruhr
ISBN 978-3-8346-3606-5 | www.verlagruhr.de

Vom Kastanien-Parcours bis zum Zeitungsfangen

Parcours aus Stöcken

Material: 🥮 2 Langbänke

🥮 4 Eimer

🥮 viele Stöcke

Vorbereitung: Bauen Sie im Bewegungsraum folgende Stationen auf:

🥮 Station 1: Stellen Sie zwei Langbänke parallel mit einem knappen Meter Abstand auf. Auf diese Bänke legen sie parallel mit einigem Abstand mehrere Stöcke von einer Bank zur anderen.

🥮 Station 2: Legen Sie mehrere Stöcke in verschiedenen Abständen parallel hintereinander auf den Boden.

🥮 Station 3: Legen Sie zwei bis drei Stöcke der Länge nach hintereinander zu einer Linie auf den Boden.

🥮 Station 4: Legen Sie aus mehreren Ästen eine ca. 20 cm enge Gasse.

🥮 Station 5: Bauen Sie aus vier Eimern und zwei Stöcken zwei Hindernisse, indem Sie die Eimer umgedreht auf den Boden stellen und den Stock darauflegen.

So geht es: Die Kinder dürfen nun den Parcours durchlaufen, dabei sollen folgende Bewegungsaufgaben ausgeführt werden:

🥮 Bewegungsaufgabe Station 1: Die Kinder sollen über den ersten Ast drübersteigen, unter den zweiten durchkrabbeln usw. bis ans Ende der Strecke, ohne die Äste dabei zu berühren.

🥮 Bewegungsaufgabe Station 2: Die Kinder sollen mit beiden Beinen gleichzeitig über die Stöcke springen, ohne Zwischenhüpfer. Wer will, kann es auch auf einem Bein versuchen.

🥮 Bewegungsaufgabe Station 3: Die Kinder stellen sich auf eine Seite der Linie und springen mit geschlossenen Beinen auf die andere Seite, wieder zurück usw., bis sie am Ende der Äste angekommen sind.

🥮 Bewegungsaufgabe Station 4: Die Kinder balancieren vorsichtig durch diese Gasse, Fuß vor Fuß, ohne die Stöcke dabei zu berühren.

🥮 Bewegungsaufgabe Station 5: Die Kinder springen über die beiden Hindernisse.

Vom Kastanien-Parcours
bis zum Zeitungsfangen

Der Schatz des Bibers

Material: 🪨 3 Stöcke

Vorbereitung: Legen Sie 3 Stöcke in die Mitte des Raumes mit einem Abstand von ca. 1 m.

So geht es: Die Kinder stellen sich um die drei Stöcke in einem großen Kreis auf. Ein Kind wird zum Biber gewählt, der seine Stöcke bewacht. Die Kinder im Kreis versuchen nun, die drei Stöcke zu erhaschen. Stellen Sie sich am besten in den Rücken des Bibers und bestimmen Sie durch Zublinzeln oder Fingerzeigen ein Kind, welches daraufhin versucht, einen Stock zu schnappen. Erwischt der Biber das Kind beim Betreten des Kreises, beim Anschleichen oder auch beim Forttragen des Stocks, muss dieses in der nächsten Runde der Biber sein. Sind alle Stöcke weg, ohne dass der Biber einen Angreifer erwischt hat, darf er ein neues Kind zum Biber bestimmen.

Tock, tock, tock, wer hat den Stock?

Material: 🪨 1 kleines Stöckchen

So geht es: Alle Kinder stellen sich an der Wand entlang an einer Seite des Raumes auf. Ein Kind wird zum Fänger bestimmt, dieses stellt sich an die gegenüberliegende Wand. Nun soll es sich zunächst umdrehen und die Augen zuhalten. Geben Sie einem der übrigen Kinder das Stöckchen, dieses soll es hinter seinem Rücken versteckt halten. Auch alle anderen Kinder nehmen ihre Hände auf den Rücken. Die Kinder rufen gemeinsam: „Tock, tock, tock, wer hat den Stock?"
Nun darf sich der Fänger umdrehen. Daraufhin versuchen die Kinder, schnell auf die andere Seite des Raumes zu gelangen, ohne ihre Hände vom Rücken zu nehmen. Die Aufgabe des Fängers ist es, das Kind mit dem Stock zu finden und abzuklatschen, bevor es die andere Seite erreicht hat. Schafft es dies, wird das Kind mit dem Stock zum neuen Fänger. Schafft es der Fänger nicht, bleibt er eine weitere Runde Fänger und ein anderes Kind erhält beim nächsten Durchgang den Stock.

Hockey-Parcours

Material: ⬤ pro Kind 1 Stock und 1 Tennisball
⬤ Material für 2 Parcoursstrecken (z. B. 6 Kegel, 4 Seile, 6 Hütchen)

Vorbereitung: Bauen Sie für jede Mannschaft eine Parcoursstrecke auf (z. B. Slalom aus drei Kegeln, eine enge Gasse aus zwei Seilen, ein Hütchen als Endpunkt. Dahinter in ca. 2 m Abstand zwei Hütchen als Torpfosten).

So geht es: Geben Sie jedem Kind einen Stock und einen Tennisball. Die Kinder werden in zwei Mannschaften eingeteilt. Jede Mannschaft stellt sich hintereinander in einer Reihe auf. Beim Startsignal darf das erste Kind jeder Mannschaft loslaufen. Der Stock dient als Hockeyschläger, mit dem der Tennisball durch den Parcours gerollt werden soll: im Slalom zwischen den Kegeln hindurch und anschließend durch die Seilgasse. Beim Markierungshütchen muss der Ball angehalten werden und soll von dort aus durch das Tor geschossen werden. Sobald der Ball durch das Tor gerollt ist, darf das nächste Kind der Mannschaft loslaufen.

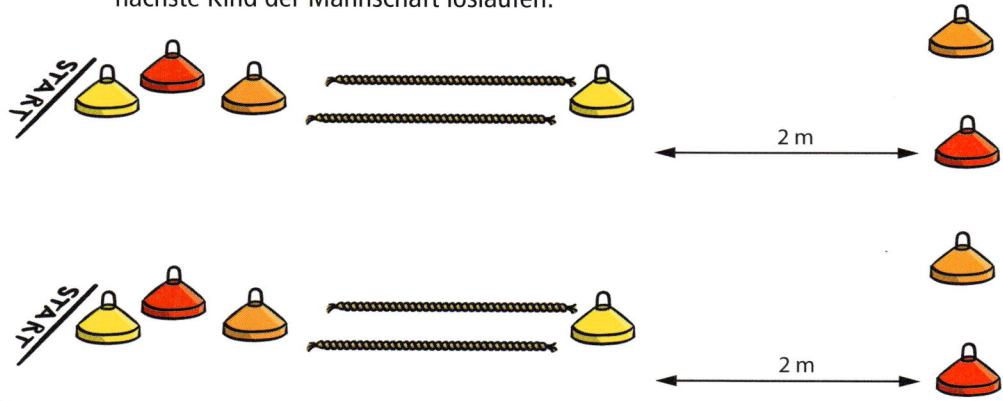

Abschluss: Faxgerät

Material: ⬤ pro Kind 1 kleines Stöckchen
⬤ Stift
⬤ einige Blätter Papier

Vorbereitung: Malen Sie einige Formen (Kreis, Dreieck, Viereck, Stern), bei größeren Kindern auch Zahlen oder Buchstaben auf mehrere Blätter.

So geht es: Teilen Sie die Kinder in Kleingruppen von ca. fünf Kindern ein. Die Kinder jeder Gruppe setzen sich hintereinander in einer Reihe auf den Boden. Jedes Kind hat ein kleines Stöckchen. Zeigen Sie nun den letzten Kindern jeder Reihe das erste Blatt/die erste Form. Das Kind malt nun mit seinem Stöckchen diese Form auf den Rücken des Vordermannes. Dieses wiederum versucht, die Form zu erkennen und auf dem Rücken seines Vordermannes wiederzugeben. Das erste Kind der Reihe darf schließlich sagen, welche Form es auf seinem Rücken erkannt hat. Dann setzt sich das erste Kind ans Ende der Reihe und Sie zeigen ihm die nächste Form.

Vom Kastanien-Parcours bis zum Zeitungsfangen

Spiel und Sport mit Muscheln

Material für diese Stunde:

- ☑ viele Muscheln in verschiedenen Größen
- ☑ 1 blaues Tuch
- ☑ große Matte (alternativ blaues Tuch)
- ☑ 2 Reifen
- ☑ Musik zum Bewegen (oder Handtrommel) und Musik zum Entspannen (Meeresklänge, Meeresrauschen), Abspielgerät
- ☑ 2 Reifen
- ☑ Lied „Muschel, Muschel, du musst wandern" (Kopiervorlage, S. 34)
- ☑ viele verschiedene Perlen, davon pro Kind 2 gleiche Perlen
- ☑ Fantasiereise „Ein Tag am Meer" (Kopiervorlage, S. 37/38)
- ☑ evtl. Matten/Decken

Einführung: Unten im Meer

Material:
- einige Muscheln
- 1 blaues Tuch

Vorbereitung: Legen Sie in die Raummitte einige Muscheln auf den Boden und decken Sie diese mit einem blauen Tuch zu.

So geht es: Alle Kinder sitzen im Kreis auf dem Boden. In der Kreismitte liegen einige Muscheln, die von einem blauen Tuch bedeckt sind. Erklären Sie den Kindern, dass Sie heute mit den Dingen turnen, die sich unter diesem Tuch befinden. Nun darf jedes Kind der Reihe nach einmal unter das Tuch greifen und versuchen, zu erfühlen, was sich darunter befindet. Weisen Sie die Kinder ausdrücklich darauf hin, nicht zu verraten, was sie erfühlt haben. Erst wenn jedes Kind an der Reihe war, dürfen die Kinder ihre Tipps abgeben. Anschließend nehmen Sie das Tuch weg und lösen das Rätsel auf.

Flut, Sandsturm, Seestern, Muschel

Material:
- pro Kind 1 Muschel
- Musik zum Bewegen oder Handtrommel, Abspielgerät

So geht es: Jedes Kind erhält eine Muschel und legt diese im Bewegungsraum auf den Boden. Die Kinder laufen nun zur Musik (oder zum Trommelrhythmus) durch die Halle. Stoppen Sie die Musik und rufen Sie einen der unten stehenden Aufträge. Daraufhin sollen die Kinder eine entsprechende Aufgabe ausführen:
- **Sandsturm** = in einer Ecke Schutz suchen
- **Flut** = auf die Sprossenwand, eine Langbank oder Ähnliches klettern
- **Seestern** = auf den Rücken legen, dabei Beine und Arme weit ausstrecken
- **Muschel** = eine Muschel vom Boden aufsammeln

Variante 1: Das Kind, das die Bewegungsaufgabe als letztes ausführt, muss eine Runde aussetzen.
Variante 2: Das Kind, das die Bewegungsaufgabe als letztes ausführt, muss ausscheiden. Dieses Kind muss gleichzeitig eine Muschel mit vom Spielfeld nehmen. Die letzten drei Kinder, die übrig sind, werden zu den Gewinnern gekürt.

Muscheltaucher

Material:
- große Matte oder blaues Tuch
- viele Muscheln
- 2 Reifen

Vorbereitung: Legen Sie auf eine Seite des Raumes eine große Matte oder ein blaues Tuch. Darauf legen Sie viele Muscheln ab. Dies stellt nun das Meer dar, in dem viele Muscheln zu finden sind. Legen Sie auf der gegenüberliegenden Seite in jede Ecke einen Reifen.

So geht es: Teilen Sie die Kinder in zwei Mannschaften ein. Diese stellen sich nun jeweils zu einem Reifen. Beim Startsignal dürfen die Kinder losrennen und sich eine Muschel holen. Diese transportieren sie schnell zu ihrem Reifen und legen sie dort hinein. Dann können sie wieder loslaufen und eine weitere Muschel einsammeln. Pro Lauf darf immer nur eine Muschel transportiert werden. Sind alle Muscheln eingesammelt, wird gezählt, welche Mannschaft mehr Muscheln gesammelt hat. Diese ist Sieger der ersten Runde. Spielen Sie mindestens drei Durchgänge.

Muschel, Muschel, du musst wandern

Material:
- 1 kleine, flache Muschel
- „Muschel, Muschel, du musst wandern" (Kopiervorlage, S. 34)

Vorbereitung: (nach Bedarf) Kopieren Sie sich das Lied (S. 34).

So geht es: Stellen Sie sich mit den Kindern in einen Kreis. Bestimmen Sie ein Sucher-Kind und ein Kind, das die Muschel bekommt und in seinen Händen versteckt. Singen Sie nun gemeinsam das Lied „Muschel, Muschel, du musst wandern" (Melodie: Taler, Taler, du musst wandern).
Alle Kinder, die im Kreis stehen, strecken die Hände vor und formen ein kleines Schälchen. Das Kind mit der Muschel zwischen seinen zusammengelegten Händen schiebt diese nun der Reihe nach jedem Kind zwischen die Hände. Dabei lässt es einem Kind heimlich die Muschel in die Hände fallen.
Das Sucher-Kind muss dabei gut aufpassen, wo die Muschel abgegeben wird. Es darf 3-mal raten, in wessen Händen die Muschel liegt. Rät es richtig, übernimmt es die Muschel, sonst darf das Kind weitermachen, das die Muschel bekommen hat.

Muschel, Muschel, du musst wandern

Melodie: trad. (Taler, Taler, du musst wandern)

Text: trad., bearb. von Sabine Gottschalk

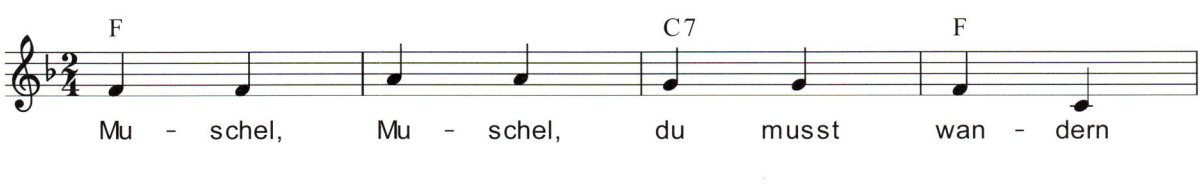

Mu - schel, Mu - schel, du musst wan - dern

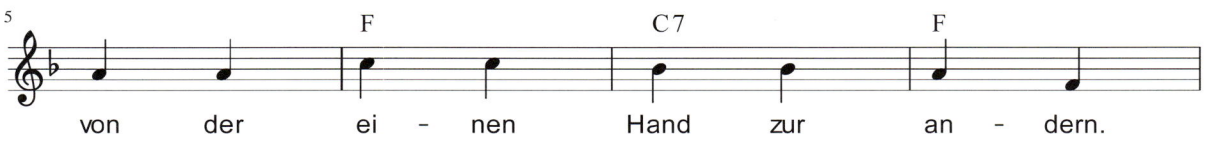

von der ei - nen Hand zur an - dern.

Oh, wie schön, oh, wie schön,

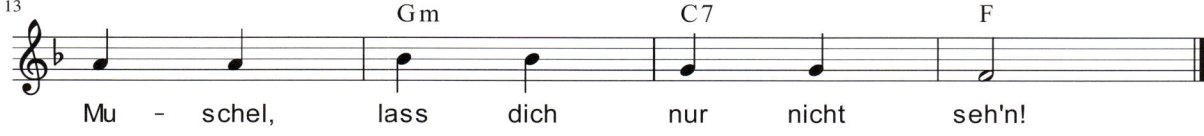

Mu - schel, lass dich nur nicht seh'n!

Vom Kastanien-Parcours bis zum Zeitungsfangen

© Verlag an der Ruhr | Autorin: S. Gottschalk | Illustr.: D. Wolters; Kastanienblätter
© Kautz15 – Fotolia.com | ISBN 978-3-8346-3606-5 | www.verlagruhr.de

Fischer, Fischer, wie tief ist das Wasser?

Material: mehrere Muscheln

Vorbereitung: Legen Sie aus Muscheln eine Linie, ca. 2 m von einer Raumwand entfernt. Eine identische Linie legen Sie vor die gegenüberliegende Raumwand.

So geht es: Ein Kind wird zum Fischer bestimmt. Es steht auf einer Seite des Raumes hinter der Muschellinie. Alle anderen Kinder stehen nebeneinander an der gegenüberliegenden Raumseite hinter der Muschellinie.
Es wird folgender Dialog gerufen:
Kinder: „Fischer, Fischer, wie tief ist das Wasser?"
Der Fischer antwortet mit einer beliebigen Zahl an Metern, z. B.: „100 Meter tief!"
Kinder: „Wie kommen wir hinüber?"
Der Fischer denkt sich eine Bewegungsaufgabe aus, wie die Kinder das Wasser überqueren können, z. B. schwimmen, krabbeln, Krebsgang, rennen, rückwärtslaufen, auf einem Bein hüpfen …
Die Kinder führen nun die besagte Bewegungsaufgabe aus und versuchen so, auf die gegenüberliegende Seite und hinter die Ziellinie zu gelangen. Der Fischer führt dieselbe Bewegungsaufgabe aus und versucht dabei, ein Kind zu fangen. Fängt er ein Kind, wird dieses der neue Fischer, fängt er kein Kind, bleibt er eine weitere Runde der Fischer.

Partner-Lauf mit der Muschel

Material: pro Kinderpaar 1 Muschel

So geht es: Die Kinder bilden Paare. Je ein Kind steht auf einer Seite des Raumes, das Partnerkind steht ihm gegenüber auf der anderen Seite des Raumes. Die Muschelziellinien aus dem vorherigen Spiel können beibehalten werden. Die Kinder an einer Raumseite erhalten jeweils eine Muschel. Diese sollen sie nun auf verschiedene Arten zu ihrem Partner auf der gegenüberliegenden Seite transportieren. Dort übergeben sie diesem die Muschel und er transportiert sie auf die andere Seite zurück. Fällt die Muschel runter, muss sie erst aufgehoben und neu platziert werden, bevor das Kind weitergehen darf. Welches Pärchen ist am schnellsten?

Folgende Fortbewegungsarten können für den Transport festgelegt werden:
- die Muschel auf der flachen Handinnenseite oder dem Handrücken transportieren
- die Muschel auf dem Kopf oder auf der Stirn transportieren
- die Muschel unter das Kinn klemmen und transportieren
- die Muschel auf dem Bauch legen und im Krebsgang transportieren
- die Muschel auf den Rücken legen und auf allen vieren krabbeln

Muschel-Memory

Material:
- pro Kind 2 Muscheln
- pro Muschel 2 gleichfarbige/ähnliche Perlen
- Muscheln oder Seile zum Legen einer Startlinie

Vorbereitung: Legen Sie aus Muscheln oder Seilen eine Startlinie. Legen Sie in die Mitte hinter dieser Linie pro Kind eine Muschel auf den Boden, mit der offenen Seite nach unten. Unter jede Muschel legen Sie eine Perle. Legen Sie auf der anderen Seite des Raumes eine Ziellinie aus Muscheln oder Seilen. Auch hier legen Sie pro Kind eine Muschel und eine Perle in die Mitte hinter die Ziellinie. Legen Sie hier die Muschel mit der offenen Seite nach oben, sodass man die Perle in ihr sehen kann. Achten Sie darauf, dass die Perlenpärchen jeweils nur einmal vorkommen und sich nicht doppeln.

So geht es: Teilen Sie die Kinder in zwei Mannschaften ein. Sie stehen jeweils in einer Reihe hintereinander an der Startlinie, beide gleich weit entfernt von den Muscheln mit den Perlen. Beim Startsignal geht es los. Die beiden ersten Kinder jeder Mannschaft dürfen beide je eine Muschel umdrehen und müssen sich die Perle darin gut merken. Dann rennen die beiden Kinder los zur anderen Seite und suchen in den offenen Muscheln die gleiche, passende Perle. Diese Perle nehmen sie mit zurück und vergleichen sie mit der Perle in der Muschel, die sie zuvor aufgedeckt haben. Ist die geholte Perle falsch, muss das Kind diese zurückbringen und erneut nach der richtigen Perle suchen. Ist das Pärchen richtig, darf das Kind die beiden Perlen behalten. Die umgedrehten Muscheln bleiben offen liegen. Nun kann das nächste Kind kann starten. Welche Mannschaft hat am Ende mehr Perlen?

Variante: Um das Lauf-Memory anspruchsvoller zu gestalten, kann der Weg auch als Slalom- oder Parcoursstrecke zurückgelegt werden.

Abschluss: Fantasiereise „Ein Tag am Meer"

Material:
- pro Kind 1 Muschel
- Geschichte „Ein Tag am Meer" (Kopiervorlage, S. 37/38)
- Entspannungsmusik, Abspielgerät
- evtl. Matten/Decken

Vorbereitung:
(nach Bedarf)
Kopieren Sie sich die Geschichte „Ein Tag am Meer" (S. 37/38).

So geht es: Die Kinder legen sich gemütlich auf den Boden oder auf eine Matte/Decke und schließen ihre Augen. Lassen Sie dazu leise Entspannungsmusik (Meeresrauschen) laufen. Dann lesen Sie die Fantasiereise vor.

Vom Kastanien-Parcours bis zum Zeitungsfangen

Ein Tag am Meer

Lege dich ganz gemütlich auf den Rücken auf dem Boden, schließe deine Augen und stell dir vor, du liegst direkt am Meer, an einem wunderschönen Sandstrand.

Der warme Sand ist unter dir und du liegst ganz ruhig da. Deine Beine liegen ganz schwer auf dem Sandboden, dein Po und dein Rücken sind auch ganz schwer.

Deine Arme liegen ganz ruhig neben deinem Körper. Dein Kopf liegt ebenfalls ganz ruhig auf dem Boden. Du spürst den warmen Sand unter dir. Er wärmt die Rückseite deiner Beine, deiner Arme und deines Rückens. Alles ist ganz weich und warm.

Am blauen Himmel strahlt die Sonne auf dich hinab. Sie wärmt die Vorderseite deiner Beine und Arme, deinen Bauch und dein Gesicht. Alles ist ganz warm, ganz ruhig und friedlich. Nur ein leichter Wind weht sanft über dich hinweg und raschelt in den Palmenzweigen. Du atmest tief die frische Seeluft ein. Ein und aus. Ein und aus. Du hörst das sanfte Rauschen des Meeres. Du hörst, wie die Wellen auf den Strand zurollen und sanft über den Sand gleiten. Du überlegst, welche Schätze in den tiefen Ozeanen wohl verborgen sind …

Du denkst an wunderschöne, bunt schillernde Fische, die tief unter der Wasseroberfläche leben. An bunte Korallenriffe, an wilde Pflanzen und die vielen verschiedenen Muscheln auf dem Meeresboden. Es gibt Muscheln in allen Farben, in Rot und Gelb, in Grün und Blau, in Weiß und in Schwarz. Manche Muscheln sind groß, andere ganz klein. Einige sehen aus wie ein Schneckenhaus, andere wie ein Fächer. Schön ist es hier unten auf dem Meeresgrund.

Auf einmal hörst du wieder das Rauschen der Wellen. Eine besonders große Welle gleitet auf den Strand zu. Ihr Wasser fließt sachte über deine Füße und Beine, bis zu deinem Bauch. Dann verschwindet die Welle wieder zurück im Meer.

Du liegst immer noch ganz ruhig und entspannt im Sand. Alles ist wie zuvor. Nein, nicht alles. Du merkst, dass die Welle etwas auf deinen Bauch gespült hat. Was kann das sein?

Ich lege dir jetzt etwas auf den Bauch. Du lässt deine Augen bitte noch geschlossen und darfst es mit deinen Händen erfühlen.

Vom Kastanien-Parcours bis zum Zeitungsfangen

Ein Tag am Meer

Nachdem Sie jedem Kind behutsam eine kleine Muschel auf den Bauch gelegt haben, lesen Sie weiter.

Du befühlst das Ding auf deinem Bauch mit beiden Händen. Wie fühlt es sich an? Ist es weich oder hart? Wie groß ist es ungefähr? Ist es scharfkantig, eckig oder rund? Ist seine Oberfläche glatt oder rau? Welche Farbe mag es wohl haben? Langsam öffnest du deine Augen. Du setzt dich auf und begutachtest deine Muschel. Eine kleine Erinnerung an deine Traumreise im Meer.

Die Kinder können die Muschel nach der Traumreise zurückgeben. Allerdings ist es für die Kinder ein schöner Abschluss, wenn sie ihre Muschel als kleine Erinnerung mit nach Hause nehmen dürfen.

Vom Kastanien-Parcours bis zum Zeitungsfangen

© Verlag an der Ruhr | Autorin: S. Gottschalk | Muscheln, Kinder: D. Wolters
Kastanienblätter © Kautz15 – Fotolia.com; Sandburg © Verlag an der Ruhr
ISBN 978-3-8346-3606-5 | www.verlagruhr.de

Spiel und Sport mit
Maiskolben

Material für diese Stunde:

viele Muscheln in verschiedenen Größen

- ☑ pro Kind 1 Maiskolben

- ☑ trockene Maiskörner

- ☑ 1 Stoffbeutel

- ☑ Musik zum Bewegen (oder Handtrommel) und Musik zum Entspannen, Abspielgerät

- ☑ 4 Reifen

- ☑ Kopiervorlage „Richtig oder Falsch" (S. 43)

- ☑ evtl. Decken/Matten

Einführung: Was fühlst du?

Material: 🌰 1 Maiskolben
🌰 1 Stoffbeutel

Vorbereitung: Legen Sie den Maiskolben in einen Stoffbeutel und binden Sie diesen fest zu.

So geht es: Alle Kinder sitzen im Kreis auf dem Boden. Zeigen Sie den Kindern den zugeknoteten Stoffbeutel, in dem sich der Maiskolben befindet. Erklären Sie den Kindern, dass Sie heute mit dem Ding turnen werden, welches sich in diesem Beutel befindet. Jedes Kind darf nun einmal fühlen, was sich in dem Beutel befinden könnte. Hierbei darf jedes Kind sagen, wie sich der Maiskolben anfühlt, hart, weich, glatt, knubbelig, lang, kurz, rund, eckig usw. Hat jedes Kind einmal gefühlt, fragen Sie die Kinder, ob sie eine Idee haben, was sich im Beutel befindet. Lösen Sie das Rätsel auf, indem Sie den Beutel öffnen und den Kindern den Maiskolben zeigen. Lassen Sie den Kolben nun eine weitere Runde herumgehen, sodass die Kinder ihn nochmals genauer anschauen, betasten und beschnuppern können.

Musik-Stopp

Material: 🌰 pro Kinderpaar 1 Maiskolben
🌰 Musik zum Bewegen (oder Handtrommel), Abspielgerät

So geht es: Die Kinder gehen paarweise zusammen und erhalten einen Maiskolben. Diesen halten beide mit einer Hand an einem Ende fest. So können sie nun zusammen zur Musik oder zum Trommelrhythmus durch den Raum laufen. Führen Sie hin und wieder Musikstopps durch, bei denen Sie den Kindern verschiedene Aufgaben stellen. Dabei dürfen die Kinder nie den Maiskolben loslassen.

Die Aufgaben könnten beispielsweise folgende sein:
🌰 große Schritte machen
🌰 kleine Schritte machen, dabei die Ferse immer vor die Zehen setzen
🌰 rückwärts- oder seitwärtslaufen
🌰 den Maiskolben nach oben halten und laufen
🌰 rennen
🌰 vorwärtshüpfen
🌰 sich drehen
🌰 zwei Kinder halten ihren Maiskolben hoch, zwei andere Kinder gehen durch dieses Tor hindurch
🌰 zwei Kinder halten ihren Maiskolben knapp über den Boden, zwei andere Kinder steigen darüber

Sie können die Aufgaben mehrmals wiederholen. Dazwischen rufen Sie hin und wieder „Partner-Tausch". Dann soll sich jedes Kind einen neuen Partner aussuchen, mit dem es die Übungen dann gemeinsam ausführt.

Futtersuche

Material: 🌰 4 Reifen

🌰 ca. 15–20 Maiskolben oder Maiskörner

Vorbereitung: Legen Sie in jede Ecke des Raumes einen Reifen. In die Mitte des Raumes legen Sie drei Maiskolben.

So geht es: Teilen Sie die Kinder in vier Mannschaften ein. Jede Mannschaft spielt eine Mäusefamilie und stellt sich zu einem Reifen. Dieser stellt das Nest der Mäuse dar. In der Mitte des Raumes liegen die drei Maiskolben. Die Mäusefamilien stellen sich bei ihren Nestern hintereinander in einer Reihe auf. Beim Startsignal beginnt die Futtersuche. Die jeweils erste Maus jeder Mannschaft darf beim Startsignal losrennen und muss versuchen, sich einen Maiskolben zu schnappen. Diesen transportiert sie in ihr Nest zurück. Die langsamste Maus erwischt leider keinen Maiskolben mehr und muss mit leeren Händen zu ihrer Familie zurücklaufen.
Nun legen Sie drei weitere Maiskolben in die Mitte des Raumes. Nun darf die zweite Maus jeder Mannschaft beim Startsignal loslaufen und versuchen, sich einen Maiskolben zu schnappen. War jedes Kind einmal an der Reihe, zählen Sie, welche Mäusefamilie die meisten Maiskolben sammeln konnte.

Tipp: Sollten Sie nicht genügend Maiskolben haben, können Sie diese auch durch einzelne Maiskörner ersetzen.

Rollender Maiskolben

Material: 🌰 pro Kind 1 Maiskolben

So geht es: Dieses Spiel ist besonders angenehm für die Kinder, wenn sie dabei ihre Schuhe ausziehen. Die Kinder stellen sich mit etwas Abstand nebeneinander an einer Seite des Raumes auf. Jedes Kind erhält einen Maiskolben. Dieser soll nun auf verschiedene Art und Weise auf die andere Seite des Raumes gerollt werden. Als Erstes können die Kinder versuchen, den Maiskolben mit der rechten und anschließend mit der linken Hand auf die andere Seite zu rollen. Dies wird dann mit dem rechten und mit dem linken Fuß wiederholt. Danach krabbeln die Kinder auf allen vieren und rollen den Maiskolben mit dem Kopf bzw. mit der Nase auf die andere Seite.

Staffellauf

Material: ● 6 Maiskolben
● **Variante 1:** pro Kind 1 Maiskolben

Vorbereitung: Markieren Sie für jede Mannschaft eine Laufstrecke. Den Start- und Zielpunkt markiert jeweils ein Maiskolben, der auf dem Boden liegt.

So geht es: Teilen Sie die Kinder in zwei Mannschaften ein. Die Kinder stehen jeweils in einer Reihe hintereinander vor ihrem Start-Maiskolben. Das erste Kind jeder Mannschaft erhält nun einen Maiskolben als Staffelholz. Beim Startsignal rennen die ersten beiden Kinder los, bis zu dem Maiskolben am Ziel. Die Kinder laufen um diesen herum und rennen dann zum Start zurück. Dort übergeben sie dem nächsten Kind ihrer Mannschaft den Maiskolben. Nun darf dieses Kind starten. Die Mannschaft, die als erste einmal komplett die Strecke gelaufen ist, siegt. Natürlich gibt es beim Staffellauf eine Revanche!

Variante 1: Das Spiel beginnt von vorn. Dieses Mal hält jedes Kind einen Maiskolben in der Hand. Sobald das erste Kind wieder bei seiner Mannschaft ist, hält sich das zweite Kind an seinem Maiskolben fest und die Kinder laufen die Strecke zusammen. Wieder beim Startpunkt angelangt, hängt sich das dritte Kind an und so weiter, bis schließlich die ganze Mannschaft gemeinsam die Strecke bewältigt. Weisen Sie die Kinder darauf hin, dass die Schlange nicht reißen darf! Sollte die Schlange doch einmal reißen, sprich ein Kind einen Maiskolben loslassen, muss die Strecke von diesen Kindern ein weiteres Mal bewältigt werden, bevor das nächste Kind abgeholt wird.
Variante 2: Wenn Sie das Spiel ohne Sieger spielen wollen, messen Sie die Zeit, in der beide Gruppen ankommen. Ziel ist es dann, beim zweiten Durchlauf insgesamt schneller zu sein. Schaffen beide Gruppen das gemeinsam?

Richtig oder falsch?

Material: ● pro Kind 1 Maiskolben
● Kopiervorlage „Richtig oder falsch" (S. 43)

Vorbereitung:
(nach Bedarf) Kopieren Sie sich den Text „Richtig oder Falsch" (S. 43). Wenn möglich, schauen Sie sich vorab mit Ihrer Gruppe ein Maisfeld an.

So geht es: Stellen Sie sich mit den Kindern im Kreis auf. Vor jedem Kind liegt ein Maiskolben. Nun lesen Sie einige Aussagen über „Mais" vor. Die Kinder sollen entscheiden, ob die Aussage richtig oder falsch ist. Glauben sie, die Aussage sei richtig, nehmen sie ihren Maiskolben in die Hand und halten ihn nach oben. Glauben sie, die Aussage sei falsch, gehen sie in die Hocke und legen ihren Maiskolben auf den Boden.

Vom Kastanien-Parcours
bis zum Zeitungsfangen

Richtig oder falsch?

Mais ist ein Getreide. (Richtig)

Mais wächst unter der Erde. (Falsch)

Mais wächst auf dem Feld. (Richtig)

Die Maiskolben sind von großen grünen Blättern umgeben. (Richtig)

Die Maiskörner sind kugelrund. (Falsch)

Mäuse knabbern gerne Maiskörner. (Richtig)

Vögel fressen auch gerne die Maiskörner. (Richtig)

Auch Katzen fressen Maiskörner. (Falsch)

Pferde fressen gerne Maiskolben. (Richtig)

Mais ist meistens gelb oder orange. (Richtig)

Aus Mais kann man Mehl machen. (Richtig)

Aus Mais kann man Gummibärchen machen. (Falsch)

Aus Mais kann man Popcorn machen. (Richtig)

Der Mais wird im Winter geerntet. (Falsch)

Der Mais wird im Herbst geerntet. (Richtig)

Vom Kastanien-Parcours
bis zum Zeitungsfangen

Schubkarren-Rennen

Material: ⬬ pro Kinderpaar 1 Maiskolben

So geht es: Bei diesem Spiel soll der Maiskolben in einer „Schubkarre" transportiert werden. Hierzu gehen die Kinder zu zweit zusammen und stellen sich paarweise an einer Seite des Raumes auf. Ein Kind spielt die Schubkarre. Es legt die Hände vor sich auf den Boden und streckt den restlichen Körper lang aus. Das andere Kind stellt sich dahinter und hält die Füße bzw. die Fußknöchel des Kindes fest. Nun legen Sie jedem Schubkarren-Kind einen Maiskolben auf den Rücken. Sobald der Maiskolben liegt, dürfen die Paare losgehen und versuchen, den Maiskolben bis zur gegenüberliegenden Seite zu transportieren, ohne dass dieser hinunterrollt. Welches Paar schafft diese kniffelige Aufgabe? Auf der anderen Seite angekommen, tauschen die Kinder ihre Rollen.

Abschluss: Maiskolben-Massage

Material: ⬬ pro Kinderpaar 1 Maiskolben
⬬ evtl. Decken/Matten
⬬ Entspannungsmusik, Abspielgerät

So geht es: Die Kinder gehen paarweise zusammen. Ein Kind erhält einen Maiskolben, das andere Kind legt sich bäuchlings auf den Boden oder auf eine Decke/Matte.
Erklären Sie den Kindern, dass sie den Maiskolben nun benutzen werden, um das andere Kind zu massieren. Zeigen Sie, wie die Kinder den Maiskolben rollen sollen. Am einfachsten ist es, beide Hände auf den Maiskolben zu legen und diesen wie ein Nudelholz vor- und zurückzurollen.
Legen Sie nun ruhige Entspannungsmusik ein.
Die Entspannungsmassage beginnt auf dem Rücken. Dieser wird nun mit dem Maiskolben in rollenden Bewegungen massiert. Dann sind der rechte und linke Arm an der Reihe, der rechte und linke Oberschenkel, die beiden Unterschenkel und am Ende die Fußsohlen. Nun tauschen die Kinder ihre Rollen und die zweite Entspannungsrunde beginnt.

Sicherheitshinweis: ⚠️
Fordern Sie die Kinder dazu auf, achtsam mit ihren Partnern umzugehen. Wenn ein Kind signalisiert, dass sein Partner zu fest mit dem Maiskolben auf den Rücken drückt, sollte er sofort den Druck verringern, um dem Kind nicht wehzutun.

Spiel und Sport mit
Federn

Material für diese Stunde:

- ☑ viele saubere Federn
- ☑ 1 Stoffbeutel
- ☑ Musik zum Bewegen (oder Handtrommel) und Musik zum Entspannen, Abspielgerät
- ☑ pro Kind 1 Stück Pappe (ca. DIN A4)
- ☑ Material für 2 identische Parcoursstrecken (z. B. Hütchen, Langbänke, Seile, Reifen, Eimer)
- ☑ „Indianer-Mitmachgeschichte" (Kopiervorlage, S. 48/49)
- ☑ Quizfragen (Kopiervorlage, S. 51)

Einführung: Feder-Fühlung

Material:
- viele Federn
- 1 Stoffbeutel

Vorbereitung: Legen Sie einige Federn in einen Beutel und knoten diesen so zu, dass nur eine kleine Öffnung zum Hineinfühlen bleibt.

So geht es: Alle Kinder sitzen im Kreis auf dem Boden. Geben Sie den Beutel mit den Federn herum. Die Kinder dürfen der Reihe nach in den Beutel greifen und erfühlen, was sich darin befindet. Weisen Sie die Kinder darauf hin, noch nichts zu verraten! War jedes Kind an der Reihe, dürfen die Kinder sagen, was sie erfühlt haben. Wie hat es sich angefühlt? Weich, angenehm, flauschig … Holen Sie nun eine Feder aus dem Beutel und lösen das Rätsel auf. Nun darf sich jedes Kind ebenfalls eine Feder aus dem Beutel nehmen.

Geschicklichkeitsübungen mit der Feder

Material:
- pro Kind 1 Feder
- Musik zum Bewegen (oder Handtrommel), Abspielgerät

So geht es: Die Kinder haben ihre Feder in der Hand und dürfen sich zur Musik (oder zum Trommelrhythmus) durch die Halle bewegen. Bei Musikstopp nennen Sie eine Aufgabe, die die Kinder ausführen sollen. Sobald die Musik wieder einsetzt, dürfen sich die Kinder wieder frei bewegen.

Folgende Aufgaben können gestellt werden:
- die Feder auf der flachen Handinnenseite transportieren (rechte und linke Hand)
- die Feder von der flachen Hand pusten und wieder auffangen
- die Feder auf die Handfläche legen und einen Sprung machen, ohne dass sie herunterfällt
- die Feder auf die Handfläche legen und sich einmal im Kreis drehen
- die Feder auf dem Handrücken transportieren (rechte und linke Hand)
- die Feder im Spinnengang auf dem Bauch transportieren
- die Feder auf den Boden legen und vor sich herpusten
- die anderen Kinder mit der Feder am Hals kitzeln

Wettrennen mit Federn

Material:
- pro Kind 1 Feder und 1 Pappe (DIN A4)

So geht es: Die Kinder stellen sich mit ihrer Feder an einer Seite des Raumes auf. Jedes Kind legt die Feder vor sich auf den Boden. Dann erhält jedes Kind eine Pappe. Beim Startsignal versuchen die Kinder, ihre Feder möglichst schnell durch Wedeln mit der Pappe voranzutreiben. Gar nicht so leicht! Wer bringt seine Feder bis ans andere Ende des Raumes?

Vom Kastanien-Parcours bis zum Zeitungsfangen

Alle Vögel fliegen hoch

Material: keins erforderlich

So geht es: Die Kinder sitzen mit Ihnen zusammen im Kreis. Die Kinder trommeln mit ihren Handflächen auf den Boden. Nun rufen Sie einen Satz, z. B.: „Alle Vögel fliegen hoch." Immer, wenn Sie ein Tier nennen, das Federn besitzt (es muss keins sein, das fliegen kann), dürfen die Kinder ihre Arme bei dem Wort „hoch" in die Luft strecken. Die Spielleitung hebt die Hände bei jedem Satz hoch, auch wenn ein Tier genannt wird, das keine Federn hat. So werden die Kinder verunsichert und müssen selbst überlegen und mitdenken, ob das genannte Tier nun Federn hat oder nicht.

Sie können z. B. folgende Tiere nennen:
- **Tiere mit Federn:** Vögel, Tauben, Pfauen, Strauße, Pinguine, Hühner, Küken, Hähne, Adler, Raben, Spatzen, Enten, Schwäne, Gänse, Eulen, Störche, Krähen, Möwen, Flamingos
- **Tiere ohne Federn:** Hasen, Fledermäuse, Kühe, Pferde, Tiger, Giraffen, Fische, Schweine, Affen, Schafe, Schlangen, Mäuse, Frösche

Mitmachgeschichte: Hau Kola

Material:
- pro Kind 1 Feder
- „Indianer-Mitmachgeschichte" (Kopiervorlage, S. 48/49)

Vorbereitung: (nach Bedarf) Kopieren Sie sich die Mitmachgeschichte (S. 48/49).

So geht es: Die Kinder sitzen im Kreis und werden in Indianer „verwandelt". Dazu stecken sie sich ihre Feder hinter das Ohr. Lesen Sie den Kindern nun die Indianer-Geschichte vor. Dabei spielen Sie die Bewegungen gemeinsam mit den Kindern nach.
Der Liedvers wird gemeinsam mit den Kindern nach dem bekannten Lied „Aram sam sam" gesungen. Dabei werden die Worte „Arafi, Arafi" durch das indianische „Hau kola, hau kola" ersetzt. Dies bedeutet übersetzt „Hallo, Freund".

Folgende Bewegungen werden den Textzeilen zugeordnet:
- **A-ram-sam-sam** = Im Takt auf die Oberschenkel klatschen
- **Guli guli guli guli guli** = mit den Händen Drehbewegungen vor dem Oberkörper machen
- **Hau kola** = linke Hand aufs Herz legen, rechte Hand nach oben strecken

Um diese Begrüßungsformel zu üben, dürfen sich die Kinder einmal im Kreis herum auf „Indianisch" begrüßen. Zeigen Sie, wie es geht. Drehen Sie sich zu dem Kind, das neben Ihnen sitzt, legen Sie die linke Hand auf Ihr Herz und heben Sie die rechte Hand in die Höhe. Dabei sagen Sie laut: „Hau kola!" Nun dreht sich dieses Kind zu seinem Nachbarn und wiederholt die Begrüßung. Waren alle Kinder an der Reihe, beginnen Sie mit dem Vorlesen der Indianer-Geschichte.

Indianer-Mitmachgeschichte

Melodie: trad. (Aram sam sam)
Text: trad., bearb. Sabine Gottschalk

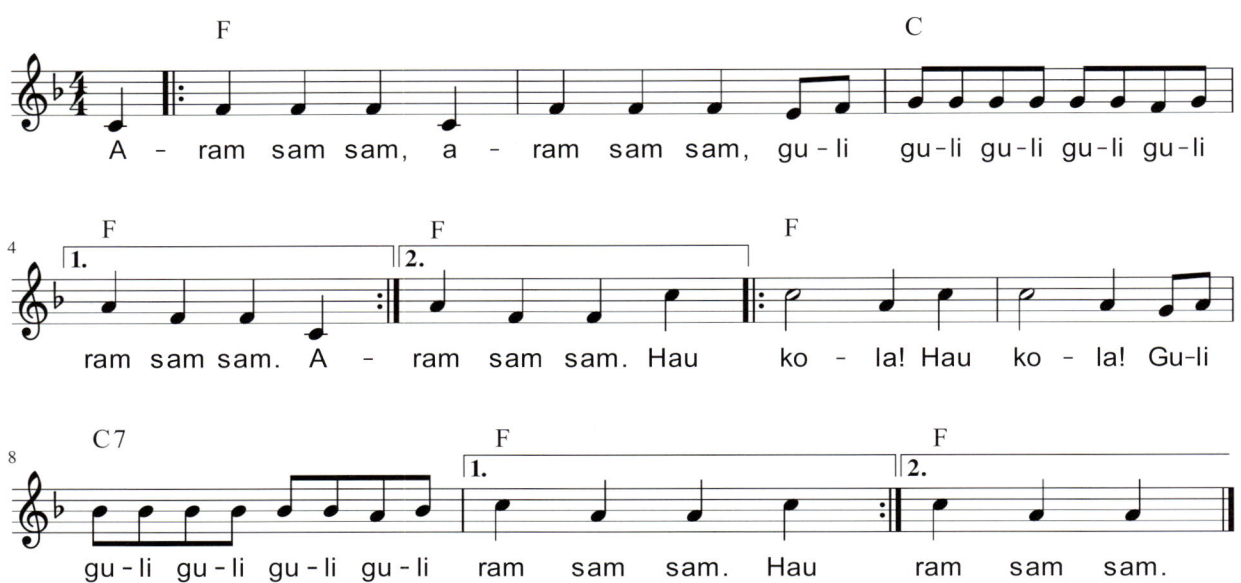

Die Sioux-Indianer sind ein friedlicher Indianer-Stamm. Sie sitzen abends gerne zusammen am Lagerfeuer und reden miteinander. Und so reden die Indianer (normal singen): Aram sam sam …

Als sie sich so unterhielten, hörten sie plötzlich fremde Stimmen (Hand hinters Ohr legen und lauschen).

Das konnten nur ihre Feinde sein, die Apachen, ein feindlicher Indianerstamm.

In der Ferne hörte man das Hufgetrappel ihrer Pferde (mit den Händen rhythmisch im Galopp auf den Boden klopfen).

Damit die Apachen sie nicht entdeckten, sprachen sie jetzt nur noch leise (leise singen): Aram sam sam …

Das Hufgetrappel wurde lauter (laut mit den Händen rhythmisch im Galopp klopfen). Die Apachen kamen näher.

Damit die Indianer nicht entdeckt wurden, flüsterten sie jetzt nur noch (flüsternd singen): Aram sam sam …

Doch die Apachen hatten die Indianer bereits entdeckt und ritten im wilden Galopp auf sie zu (schnell mit den Händen rhythmisch im Galopp auf den Boden klopfen).

Vom Kastanien-Parcours
bis zum Zeitungsfangen

© Verlag an der Ruhr | Autorin: S. Gottschalk | Illustr.: Kastanienblätter
© Kautz15 – Fotolia.com | ISBN 978-3-8346-3606-5 | www.verlagruhr.de

Indianer-Mitmachgeschichte

Die Indianer wollten den Apachen Angst machen. Um sie zu vertreiben, redeten sie deshalb ganz laut (laut singen): Aram sam sam …

Doch die Apachen ließen sich davon nicht beeindrucken und stürmten das Lager der Sioux-Indianer.

Sie schwangen ihre Lassos (pantomimisch Lasso schwingen) und nahmen die Indianer gefangen.

Sie fesselten ihre Hände (Hände über Kreuz vor den Körper halten) und klebten ihnen den Mund zu.

Dann nahmen sie die Indianer auf ihre Pferde und brachten sie zu ihrem Indianerlager.

Die Indianer wollten sich verständigen, doch mit zugeklebten Mund konnten sie nur summen (summen): Hmm hmm hmm hmm, …

In ihrem Indianerlager fesselten die Apachen die Sioux an den Marterpfahl.

Müde von der wilden Jagd legten sie sich schlafen.

Doch da konnten sich die schlauen Indianer befreien (Arme nach oben strecken).

Sie rissen das Klebeband vom Mund (mit der Hand „Klebeband abreißen").

Leise schlichen sie aus dem Apachen-Lager (mit den Händen leise auf den Boden patschen).

Als sie das Lager verlassen hatten, begannen sie zu rennen (mit den Händen schnell auf den Boden klopfen).

Dabei hatten sie sich viel zu erzählen und mussten ganz schnell reden (schnell singen): Aram sam sam …

In ihrem Lager angekommen, waren sie müde und erschöpft (gähnen).

Beim Unterhalten am Lagerfeuer schliefen sie schon beinahe ein (langsam singen). Aram sam sam …

Und als das Feuer schließlich ausging, schliefen die Indianer friedlich ein und träumten von ihrem Abenteuer und ihrer Flucht vor den Apachen (Augen schließen und schnarchen).

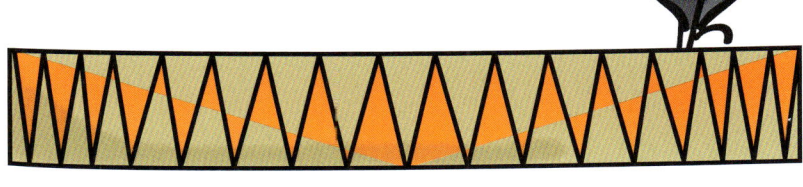

© Verlag an der Ruhr | Autorin: S. Gottschalk | Feder: D. Wolters; Kastanienblätter
© Kautz15 – Fotolia.com | ISBN 978-3-8346-3606-5 | www.verlagruhr.de

Vom Kastanien-Parcours bis zum Zeitungsfangen

Parcours-Lauf mit der Feder

Material:
- pro Kind 1 Feder
- Material zum Aufbau von 2 Parcoursstrecken (z. B. 8 Hütchen, 2 Langbänke, 2 Seile, 6 Reifen, 2 Eimer)
- 2 Eimer

Vorbereitung: Bauen Sie beispielsweise aus 8 Hütchen, 2 Langbänken, 2 Seilen und 6 Reifen zwei identische Parcoursstrecken auf. Am Ende jeder Strecke steht jeweils ein Eimer als Ziel.

So geht es: Es gibt zwei Mannschaften, die jeweils in einer Reihe vor ihrem Parcours stehen. Jedes Kind erhält eine Feder, die es auf der flachen Hand durch den Parcours transportieren muss. Fällt die Feder herunter, darf sie aufgehoben und wieder auf die Hand gelegt werden. Erst wenn sie wieder liegt, darf das Kind weitergehen. Am Ende der Strecke wirft das Kind die Feder in einen Eimer und rennt zu seiner Mannschaft zurück. Dort wird das nächste Kind abgeklatscht und darf nun seine Feder durch den Parcours transportieren.

In der nächsten Runde kann die Feder auf eine andere Art und Weise transportiert werden, z. B. auf dem Handrücken, auf dem Kopf oder im Rückwärtsgang.

START

START

Vom Kastanien-Parcours bis zum Zeitungsfangen

Quizlauf

Material: ● mehrere Federn
● Quizfragen (Kopiervorlage, S. 52)

Vorbereitung: Kopieren Sie sich die Quizfragen (S. 52).
(nach Bedarf)

So geht es: Die Kinder sitzen in zwei Reihen hintereinander. Sie sind die Spielleitung und sitzen in einiger Entfernung gegenüber, rechts und links von Ihnen liegt je eine Feder. Stellen Sie die erste Frage. Nachdem Sie diese gestellt haben, darf das erste Kind jeder Mannschaft die Frage beantworten (und sich dazu mit seiner Mannschaft besprechen). Weiß es die Antwort, muss es losrennen und eine Feder nehmen. Das Kind, das zuerst eine Feder hat, darf die Frage beantworten. Ist die Antwort richtig, bekommt die Mannschaft einen Punkt und darf die Feder mitnehmen, ist die Antwort falsch, wird die Frage an die andere Mannschaft abgegeben, die nun die Möglichkeit hat, den Punkt zu ergattern.
Das Kind setzt sich ans Ende der Reihe und nun dürfen wieder die ersten Kinder der Reihe die nächste Frage beantworten. Am Ende wird gezählt, welches Team die meisten Federn hat.

Abschluss: Entspannungsübung mit der Feder

Material: ● pro Kinderpaar 6 Federn
● Entspannungsmusik, Abspielgerät

So geht es: Im Hintergrund läuft ruhige Entspannungsmusik. Die Kinder gehen paarweise zusammen. Ein Kind kniet sich auf den Boden und streckt seitlich die Arme aus. Das andere Kind erhält sechs Federn. Diese soll es nun auf seinen Partner legen, ohne dass sie herunterfallen. Sind alle sechs Federn platziert, versucht der Partner vorsichtig, aufzustehen, ohne dass dabei eine Feder herunterfällt. Sobald es steht, darf das Kind sich schütteln und alle Federn abwerfen. Dann werden die Rollen getauscht.

Quizfragen zum Thema „Federn"

Welches Tier hat schwarze Federn?	→ z. B. Rabe, Krähe, Huhn
Welches Tier hat weiße Federn?	→ z. B. Schwan, Gans, Huhn, Storch
Welches Tier hat rosa Federn und steht oft nur auf einem Bein?	→ Flamingo
Welches Tier schreit „Kikeriki"?	→ Hahn
Welches Tier kann mit seinen Federn ein Rad schlagen?	→ Pfau
Welche Menschen steckten sich gerne eine Feder ins Haar oder tragen großen Federschmuck?	→ Indianer
Was kann man mit einer Feder machen, wenn man sie mit Tinte füllt?	→ schreiben
Welche Federtiere kommen im Märchen Aschenputtel vor und rufen „Rucke di guh, rucke di guh"?	→ Tauben
Welche Tiere haben weiße Federn, schwimmen auf dem Wasser und haben einen langen Hals?	→ Schwäne
Wie heißen die Kinder von einem Huhn?	→ Küken
Wie heißen die Tiere, die oft an der Küste am Meer fliegen?	→ Möwen
Was passiert auf der Erde, wenn Frau Holle im Märchen ihre Betten ausschüttelt, damit die Federn fliegen?	→ Es schneit auf der Erde.
Welche Kleidungsstücke sind oft mit Federn gefüllt, damit sie uns wärmen?	→ Jacken
Welche Farbe haben die Federn vom Eisvogel?	→ blau und orange
In welches Tier hat sich das hässliche Entlein am Ende des Märchens verwandelt?	→ in einen Schwan
Welche gefiederten Tiere können sprechen?	→ z. B. Papageien, Wellensittiche, Beos

Vom Kastanien-Parcours bis zum Zeitungsfangen

© Verlag an der Ruhr | Autorin: S. Gottschalk | Illustr.: D. Wolters; Kastanienblätter
© Kautz15 – Fotolia.com | ISBN 978-3-8346-3606-5 | www.verlagruhr.de

Spiel und Sport mit Zeitungen

Material für diese Stunde:

- ☑ viele große Zeitungsblätter (ca. 2–3 pro Kind)
- ☑ pro Kind 2 Zeitungspapierstreifen
- ☑ Musik zum Bewegen und zum Entspannen, Abspielgerät
- ☑ 1 Zauberstab (zusammengerollte Zeitung, mit Klebefilm fixiert)
- ☑ Kreppklebeband
- ☑ evtl. Decken/Matten

Einführung: Die Blätter fallen

Material: ⬬ pro Kind 1 großes Zeitungsblatt

So geht es: Zu Beginn der Stunde erklären Sie den Kindern, dass Sie heute mit Zeitungen turnen werden. Die Kinder stehen in einer Reihe nebeneinander. Stellen Sie sich einige Meter entfernt gegenüber. Halten Sie ein aufgefaltetes Zeitungsblatt nach oben und rufen Sie den Namen eines Kindes. Nun lassen Sie das Blatt fallen. Das aufgerufene Kind soll versuchen, die Zeitung aufzufangen, bevor diese den Boden berührt.

Anschließend darf sich das Kind mit seiner Zeitung einen Platz im Raum suchen und sich daraufsetzen. Inzwischen können Sie schon das nächste Kind aufrufen. Rufen Sie die Kinder nacheinander auf, bis schließlich alle Kinder auf ihrem Zeitungsblatt im Raum verteilt sitzen.

Geschicklichkeitsübungen mit der Zeitung

Material: ⬬ pro Kind 1 großes Zeitungsblatt

So geht es: Die Kinder stellen sich auf ihr Zeitungsblatt, das im Raum auf dem Boden liegt. Nun sollen sie verschiedene Übungen mit der Zeitung durchführen:
- ⬬ die Zeitung auf den Boden legen und auf dem Rand des Blattes balancieren
- ⬬ über die Zeitung springen (evtl. davor einmal zusammenlegen)
- ⬬ das Zeitungsblatt hoch über den Kopf halten und damit rennen
- ⬬ das Zeitungsblatt vor den Bauch halten, dieses loslassen und schnell damit losrennen, sodass der Gegenwind es am Körper hält
- ⬬ die Zeitung an zwei Ecken festhalten und kräftig ausschütteln
- ⬬ die Zeitung auf den Kopf legen und durch den Raum gehen
- ⬬ mit den Händen auf der Zeitung abstützen und diese so durch den Raum schieben
- ⬬ ein Bein auf die Zeitung stellen und dieses durch den Raum schieben (Rollerfahren)

Fang den Schwanz

Material: ⬬ lange Zeitungspapierstreifen

Vorbereitung: Reißen Sie für jedes Kind aus Zeitungsblättern einen ca. 50 cm langen Streifen.

So geht es: Jedes Kind erhält einen Streifen und steckt sich diesen als Mäuseschwanz hinten in den Hosenbund. Beim Startsignal geht die wilde Mäusejagd los. Die Kinder versuchen, sich gegenseitig den Schwanz zu stehlen. Wurde einem Kind der Schwanz geklaut, scheidet es aus und setzt sich mit seinem Schwanz auf den Boden. Die letzten zwei Mäuse, die noch ihren Schwanz haben, sind die Sieger.

Vom Kastanien-Parcours bis zum Zeitungsfangen

Schmelzende Eisscholle

Material: pro Kind 1 Zeitungsblatt

Musik zum Bewegen, Abspielgerät

So geht es: Jedes Kind sucht sich mit seinem Zeitungsblatt einen Platz im Raum, legt die Zeitung auf den Boden und stellt sich darauf. Das Zeitungsblatt stellt eine Eisscholle dar, die im Eismeer umherschwimmt. Beim Start der Musik laufen alle Kinder um die Eisschollen herum durch den Raum. Beim Musikstopp muss sich jedes Kind auf eine Eisscholle stellen. Nun schmilzt die Eisscholle ein kleines bisschen (einmal zusammenfalten). Die Musik geht an und die Kinder laufen erneut durch den Raum. Die Zeitung wird so lange zusammengefaltet, bis die Kinder nur noch mit einem Bein auf der Eisscholle stehen können.

Variante: Danach können Sie eine weitere Runde mit folgender Variante spielen. Bei diesem Durchgang liegen die Zeitungen wieder aufgefaltet als Eisschollen im Raum auf dem Boden. Beim Start der Musik laufen die Kinder zwischen den Eisschollen umher. Beim Musikstopp muss sich jedes Kind auf eine Eisscholle stellen. Jede Runde schmilzt eine Eisscholle (eine Zeitung wegnehmen). Das Kind, das beim Musikstopp keine Eisscholle mehr erwischt, muss ausscheiden. Nehmen Sie eine weitere Zeitung weg. Das Spiel geht weiter. Gewonnen hat schließlich das Kind, das sich auf die letzte Eisscholle retten konnte.

Achtung: Sollte der Boden des Bewegungsraumes sehr glatt sein, weisen Sie die Kinder darauf hin, sich vorsichtig auf die Zeitung zu stellen, da das Zeitungsblatt ansonsten beim Hinaufspringen wegrutschen kann! Bei der Variante, bei der es um Schnelligkeit geht, ist es sicherheitstechnisch ratsam, dass die Kinder nur ein Bein auf das Zeitungsblatt stellen.

Schneekönigin

Material: einige Zeitungsblätter

Klebefilm

Vorbereitung: Rollen Sie eine Zeitung zu einem Stab zusammen und fixieren Sie diesen mit Klebefilm. Dieser Stab stellt nun den Zauberstab der Schneekönigin dar.

So geht es: Wählen Sie ein Kind zur Schneekönigin. Dieses muss die anderen Kinder fangen. Berührt die Schneekönigin ein Kind mit ihrem Zauberstab, muss dieses vereist stehen bleiben. Durch die Umarmung eines anderen Kindes kann es wieder befreit werden. Nach ca. einer Minute gibt die Schneekönigin den Zauberstab an ein anderes Kind ab und macht dieses dadurch zur neuen Schneekönigin. Das Spiel beginnt von vorne.

Schlitten fahren

Material:
- Kreppklebeband, Seil o. Ä. zum Legen einer Startlinie
- 2 große Zeitungsblätter

Vorbereitung: Markieren Sie mit dem Kreppklebeband, einem Seil o. Ä. eine Start- und eine Ziellinie.

So geht es: Teilen Sie die Kinder je nach Gruppengröße in zwei oder drei Mannschaften. Die Mannschaften stehen in je einer Reihe hintereinander an der Startlinie. Das erste Kind jeder Mannschaft kniet sich auf ein Zeitungsblatt, es ist der Schlittenfahrer. Ein anderes Kind nimmt es an den Händen und spielt den Schlittenhund. Beim Startsignal ziehen die Schlittenhunde ihre Schlitten bis über die Ziellinie. Das Kind, das gezogen hat, setzt sich hinter die Ziellinie. Das Kind, das gezogen wurde, nimmt die Zeitung und rennt zu seiner Mannschaft zurück. Dort setzt sich das nächste Kind auf die Zeitung und wird zur Ziellinie gezogen. Das Spiel endet, wenn alle Kinder auf der anderen Seite sitzen.

Schneeballschlacht

Material:
- pro Kind 3 Zeitungsblätter
- Kreppklebeband

Vorbereitung: Markieren Sie (mit Kreppklebeband) im Bewegungsraum ein rechteckiges Spielfeld.

So geht es: Geben Sie jedem Kind drei Zeitungsblätter. Aus diesen soll jeder drei Schneebälle knüllen. Teilen Sie die Kinder in zwei Mannschaften ein. Eine Mannschaft befindet sich im Feld. Die Kinder der anderen Mannschaft erhalten alle Schneebälle und stehen um das Feld herum. Beim Startsignal versuchen die Kinder mit den Schneebällen, die anderen Kinder im Feld abzuwerfen. Wurde ein Kind getroffen, muss es das Feld verlassen und den Wurfkindern beim Abwerfen helfen. Die Wurfkinder dürfen das Feld nicht betreten. Sind alle Bälle verspielt, haben die Kinder, die sich noch im Feld befinden, gewonnen. Sind alle Kinder im Feld getroffen, haben die Werfer gewonnen.

Abschluss: Zudecken mit Zeitungen

Material:
- mehrere Zeitungsblätter
- Entspannungsmusik, Abspielgerät
- evtl. Matten/Decken

So geht es: Die Kinder gehen paarweise zusammen. Im Hintergrund läuft Entspannungsmusik. Ein Kind legt sich auf den Boden (oder auf eine Decke/Matte). Das andere Kind erhält einige Zeitungsblätter. Mit diesen darf es nun das liegende Kind zudecken. Sind alle liegenden Kinder mit Zeitungen bedeckt, lassen Sie die Musik noch eine Weile laufen. Beim Musikstopp dürfen die Kinder aufstehen und sich von den Zeitungen befreien. Nun tauschen die Kinder ihre Rollen.

Spiel und Sport mit
Wolle

Material für diese Stunde:

☑ pro Kind 1 Wollfaden (ca. 1 m lang)

☑ 1 Schere

☑ evtl. Kreppklebeband

☑ pro Kind 1 Wollknäuel (Ende gut feststecken)

☑ 2 Langbänke

☑ pro Kind 1 Reifen

☑ Lied: „Die Katz' schleicht um" (S. 61)

☑ Geschichte „Herbstgewitter" (S. 62)

Einführung: Woll-Salat

Material: ⬤ pro Kind 1 Wollfaden

Vorbereitung: Legen Sie ca. 1 m lange Wollfäden (pro Kind ein Faden) in der Raummitte durcheinander auf den Boden. Von jedem Wollfaden soll ein Ende deutlich nach außen zeigen.

So geht es: Jedes Kind setzt sich zum Ende eines Fadens um den Wollsalat herum. Nun bestimmen Sie ein Kind, das anfangen darf. Es soll mit den Augen seinen Faden verfolgen und das andere Ende finden. Hat es dieses gesichtet, ergreift es das Ende und zieht daran den Wollfaden aus dem Wollsalat. Hat es richtig gelegen?
Nun ist das nächste Kind an der Reihe. Sollte ein Kind den falschen Faden herausziehen, darf es diesen trotzdem behalten und das Kind, dessen Faden dies eigentlich war, übernimmt den Faden des Kindes, das falsch gezogen hatte.

Spinnen-Tunnel

Material: ⬤ 2 Langbänke
⬤ 1 Wollknäuel

Vorbereitung: Stellen Sie zwei Langbänke parallel nebeneinander auf, sodass zwischen den Bänken ca. 1 m Abstand ist. Knoten Sie das Ende eines Wollknäuels an einer Langbank fest und ziehen Sie den Faden bis zur anderen Langbank, um diese Bank herum und zurück zur ersten Langbank. Führen Sie den Faden so kreuz und quer bis zum Ende der Bänke, wo Sie das Ende wieder festknoten.

So geht es: Diese Strecke soll nun von den Kindern auf folgende Arten durchquert werden:
⬤ unter den Fäden hindurchkriechen, ohne die Fäden zu berühren
⬤ durch die Lücken zwischen den Fäden hindurchsteigen, ohne die Fäden zu berühren
⬤ auf der Langbank balancieren, ohne auf die Fäden zu treten
⬤ unter den Fäden hindurchkriechen und dabei ein Wollknäuel hindurchrollen

Wollfaden-Parcours

Material:
- mehrere, verschieden lange Wollfäden (Wollknäuel und Schere)
- pro Kind 1 Wollknäuel
- evtl. Kreppklebeband

Vorbereitung: Legen Sie aus Wollfäden eine Parcoursstrecke durch den Bewegungsraum. Hierzu können Sie aus den Fäden folgende Streckenabschnitte legen:
- legen Sie einen Wollfaden auf den Boden, um darauf zu balancieren
- legen Sie aus zwei Wollfäden eine schmale Gasse
- legen Sie aus Wollfäden einen geschlängelten Weg
- legen Sie aus Wollfäden einige Kreise zum Slalom-Laufen
- legen Sie aus Wollfäden ein Rechteck zum Darüberspringen

Sollten die einzelnen Fäden schnell verrutschen, können Sie sie mit etwas Kreppklebeband stellenweise am Boden festkleben.

So geht es: Die Kinder stellen sich nun hintereinander auf. Jedes Kind erhält ein Wollknäuel. Mit diesem sollen die Kinder nun nacheinander den Parcours durchqueren.
Nach einigen Runden können Sie eine neue Bewegungsaufgabe stellen. Z. B. können die Kinder in weiteren Durchgängen ihr Wollknäuel mit der rechten oder linken Hand bzw. dem rechten oder linken Fuß durch den Parcours rollen.

Spinnennetz

Material: ⬤ 1 (graues) Wollknäuel

So geht es: Die Kinder sitzen im Kreis auf dem Boden. Ein Kind nimmt das Wollknäuel in eine Hand und hält mit der anderen Hand das Fadenende fest. Nun wirft es das Knäuel einem anderen Kind zu, ohne das Fadenende loszulassen. Dieses hält ebenfalls den Faden fest und wirft das Knäuel weiter. Dies geht so lange, bis jedes Kind einen Faden hält und ein schönes Netz entstanden ist. Der letzte Wurf geht zum ersten Kind zurück, sodass dieses neben dem Fadenanfang auch das Fadenende in den Händen hält. Beim Aufbau des Netzes sollten Sie selbst keinen Faden in der Hand halten, sodass Sie den Kindern gegebenenfalls Hilfestellung beim Festhalten des Fadens oder beim Weitergeben des Wollknäuels leisten können. Nun nehmen Sie den Anfang des Fadens sowie das Fadenende vom entsprechenden Kind ab. Dieses darf nun mit der ersten Bewegungsaufgabe beginnen.

Variante 1: Das Kind spielt ein Insekt und soll versuchen, das Spinnennetz zu durchqueren, ohne die Fäden zu berühren. Dann tauscht es mit einem anderen Kind den Platz, hält dessen Faden fest und das andere Kind darf das Insekt spielen.

Variante 2: Das Netz wird hochgehalten und das Insekten-Kind muss unter dem Netz durchkriechen, ohne dieses zu berühren.

Variante 3: Das Netz wird dicht am Boden gehalten. Ein Kind spielt die Spinne und darf auf den Fäden am Boden balancieren, ohne in die Lücken zu treten.

Um das Wollknäuel wieder aufzuwickeln, nehmen die Kinder wieder ihre Fäden in die Hand und halten sie fest. Nun bauen Sie mit den Kindern das Spinnennetz in umgekehrter Reihenfolge ab, als Sie es aufgebaut haben.

Schiffe versenken

Material: ⬤ pro Kind 1 Reifen
⬤ 1 Wollknäuel

So geht es: Jedes Kind steigt in einen Reifen und hält diesen auf Hüfthöhe fest. Das ist sein Schiff. Ein Kind erhält keinen Reifen, dafür ein Wollknäuel. Dieses stellt eine Kanonenkugel dar. Mit dieser kann das Kind die Schiffe versenken. Die Schiffe schwimmen nun durch den Raum und das Kind mit der Kanonenkugel versucht, diese durch einen Reifen zu werfen. Gelingt ihm dies, ist das Schiff versenkt und geht unter. Der Reifen wird auf den Boden gelegt und das Kind bleibt darin stehen. Ein anderes Schiff kann den Schiffsbrüchigen aufsammeln. Das Kind stellt sich zum Retter mit in den Reifen und sie laufen zusammen weiter. Die rettenden Schiffe werden mit der Zeit immer voller und es passen etwa vier bis sechs Kinder in einen Reifen. Das Spiel endet, wenn die Schiffe voll sind und keine Schiffbrüchigen mehr aufgenommen werden können oder alternativ, wenn alle Schiffe versunken sind.

Wollknäuel-Transport

Material: 🔘 pro Kind 1 Wollknäuel

So geht es: Die Kinder stehen nebeneinander in einer Reihe an einer Seite des Raumes. Jedes Kind erhält ein Wollknäuel. Dieses soll nun auf verschiedene Art und Weise auf die andere Hallenseite transportiert werden:

🔘 das Knäuel mit der rechten oder linken Hand auf die andere Seite rollen

🔘 das Knäuel mit dem rechten oder linken Fuß auf die andere Seite rollen

🔘 das Knäuel auf dem Rücken im Vierfüßler-Gang transportieren

🔘 das Knäuel auf dem Bauch im Spinnengang transportieren

🔘 das Knäuel auf die andere Seite werfen

🔘 das Knäuel unter das Kinn klemmen und so auf die andere Seite tragen

Die Katz schleicht um

Material: 🔘 1 Wollknäuel

So geht es: Die Kinder sitzen im Kreis auf dem Boden. Ein Kind wird zur Katze gewählt. Dieses erhält ein Wollknäuel und läuft damit außen um den Kreis herum. Währenddessen singt die Gruppe das Lied „Die Katz' schleicht um" (Melodie: Der Plumpsack geht um).
Irgendwann lässt die Katze möglichst leise und unauffällig ihr Wollknäuel hinter einem Kind fallen. Bemerkt dieses Kind das Knäuel hinter sich, so muss es dieses nehmen, aufstehen und versuchen, die Katze einzuholen, bevor diese einmal im Kreis herumrennen und den leeren Platz einnehmen konnte. Wird die Katze gefangen, muss diese es bei einer weiteren Runde erneut versuchen. Schafft es die Katze zuerst auf den freien Platz oder merkt das Kind nicht, dass das Knäuel hinter ihm liegt, bis die Katze wieder hinter ihm steht, hat die Katze gewonnen und das Kind nimmt in der nächsten Runde ihre Rolle ein.

Die Katz schleicht um

Melodie: trad. (Der Plumpsack geht um)
Text: trad., bearb. von Sabine Gottschalk

Dreh dich nicht um, denn die Katz schleicht he - rum. Wer sich

um - dreht o - der lacht, kriegt den Bu - ckel voll ge - macht.

Abschluss: Herbstgewitter

Material: ⬤ 1 (graues) Wollknäuel

So geht es: Erstellen Sie mit den Kindern ein Spinnennetz, wie bereits beim Spiel „Spinnennetz". Halten Sie wieder Anfang und Ende des Wollknäuels in den Händen und lesen nun die folgende Geschichte vor. Dabei machen Sie die jeweiligen Bewegungen vor und die Kinder führen diese mit Ihnen zusammen aus.

Herbstgewitter

Es ist ein düsterer Abend im Oktober. Die Spinne sitzt in ihrem Netz, das ganz sachte im leichten Wind schaukelt (Netz leicht hin- und herschaukeln). Plötzlich ziehen dunkle Wolken auf und die ersten Regentropfen fallen auf das Spinnennetz. Es wird ganz schwer und geht etwas nach unten (Netz etwas nach unten bewegen).

Der Spinne wird ganz kalt und sie zittert leicht, sodass ihr ganzes Netz leicht mitzittert (leicht an den Fäden ziehen, sodass das Netz leicht zittert).

Jetzt wird auch der Wind stärker und die Spinne zittert noch mehr (etwas stärker zittern).

Der Wind wird immer stürmischer und das Netz fängt an, ganz bedrohlich zu schaukeln und zu wackeln, sodass die Spinne fast herunterfällt (das Netz hoch und runter und hin- und herbewegen).

Langsam zieht ein richtiges Gewitter auf. Der Donner kracht und aus dem Wind ist ein richtiger Sturm geworden, der das Spinnennetz hoch- und runtertreibt (das Netz mehrmals ganz hoch- und wieder runterbewegen).

Das Gewitter wird immer schlimmer und das Netz wackelt immer stärker und immer schneller (das Netz schnell hin- und her-, hoch- und runterbewegen). Hoch am Himmel sehen wir einen grellen Blitz, der direkt auf unser Spinnennetz niedersaust. In zehn Sekunden wird er das Spinnennetz berühren und von den Ästen reißen. Wir zählen zusammen von 10 bis 0 und bei 0 lassen wir alle die Spinnenfäden los. 10, 9, 8, 7, 6, 5, 4, 3, 2, 1, 0 … (bei „null" lassen alle ihren Faden gleichzeitig los).

Spiel und Sport mit
Plastikflaschen

Material für diese Stunde:

pro Kind 1 Wollfaden (ca. 1 m lang)

☑ pro Kind 1 Plastikflasche (0,33 Liter)

☑ viele weitere leere Plastikflaschen

☑ pro Kind 1 Rassel (Plastikflasche gefüllt mit Rasselkörnern, z. B. Reis, Mais, Bügelperlen o. Ä.)

☑ evtl. Bastelkleber

☑ Fingerspiel „Viele kleine Rasseln" (Kopiervorlage, S. 65)

☑ Lied „Rassel hin und Rassel her" (Kopiervorlage, S. 70)

☑ 2 Tabletts

☑ evtl. Sand zum Beschweren einiger Plastikflaschen

☑ Kreppklebeband

☑ Musik zum Bewegen, Abspielgerät

☑ verschiedene Bälle

☑ pro Kind 1 Augenbinde bzw. pro Kind 1 Taschentuch, das unter der Augenbinde auf die Augen gelegt wird

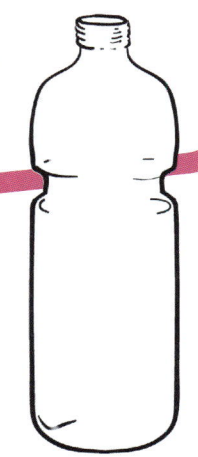

Einführung: Rasseln basteln

Material:
- pro Kind 1 Plastikflasche
- Rasselkörner (z. B. Reis, Erbsen, Mais o. Ä.)

Vorbereitung:
- evtl. Bastelkleber

So geht es: Jedes Kind bereitet seine Rassel vor. Dazu befüllen Sie mit den Kindern die Flaschen mit Rasselkörnern wie z. B. Reis, Mais, Erbsen, Bügelperlen o. Ä. Anschließend schrauben Sie die Flaschen fest zu. Um zu verhindern, dass die Flaschen sich öffnen, können Sie die Deckel mit Bastelkleber zukleben.

Viele kleine Rasseln

Material:
- pro Kind 1 Rassel
- Kopiervorlage „Viele kleine Rasseln" (S. 65)

Vorbereitung: Kopieren Sie sich das Fingerspiel „Viele kleine Rasseln" (S. 65).

So geht es: Geben Sie jedem Kind eine Rasselflasche. Setzen Sie sich mit den Kindern in einen Kreis und sprechen gemeinsam mit den Kindern den Text „Viele kleine Rasseln" (Zehn kleine Zappelmänner) und rasseln dazu. Sie können das Spiel noch einige Male wiederholen, dabei können Sie die Sprachlautstärke oder -geschwindigkeit variieren, z. B. eine Runde flüstern oder eine Runde ganz schnell sprechen.

Viele kleine Rasseln

Viele kleine Rasseln, die rasseln hin und her,
vielen kleinen Rasseln, fällt das gar nicht schwer.
(vor dem Körper hin- und herrasseln)

Viele kleine Rasseln, rasseln auf und nieder,
viele kleine Rasseln, tun dies immer wieder.
(mit der Rassel hoch- und runterrasseln)

Viele kleine Rasseln, rasseln rundherum,
viele kleine Rasseln, die sind gar nicht dumm.
(mit der Rassel im Kreis rasseln)

Viele kleine Rasseln, rasseln ins Versteck,
viele kleine Rasseln, sind auf einmal weg.
(Rassel hinter dem Körper verstecken)

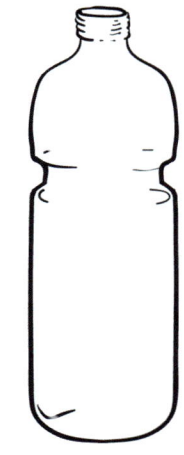

Vom Kastanien-Parcours
bis zum Zeitungsfangen

Herr Kellner, bitte!

Material:
- ca. 12–14 Plastikflaschen
- 2 Tabletts
- evtl. Sand zum Befüllen von 5–6 Plastikflaschen

Vorbereitung: Teilen Sie die Kinder in zwei Mannschaften ein und bauen Sie vor jeder Mannschaft eine Slalom-Strecke aus ca. 5–6 Plastikflaschen auf. Die Flaschen für die Slalom-Strecke können Sie vorab mit Sand oder Wasser befüllen, damit sie nicht so schnell umkippen können.

So geht es: Die Kinder stehen in zwei Reihen hintereinander vor der jeweils ersten Flasche. Das erste Kind jeder Mannschaft erhält ein Tablett, auf dem ein bis drei Plastikflaschen stehen. Beim Startsignal laufen die ersten beiden Kinder durch die Slalom-Strecke. Bei der letzten Flasche wenden sie und laufen an den Flaschen vorbei zurück zum Start. Dort übergeben sie das Tablett dem nächsten Kind. Nun darf dieses loslaufen. Fällt einem Kind unterwegs eine Flasche vom Tablett, muss diese erst aufgehoben und erneut auf das Tablett gestellt werden, bevor das Kind weiterlaufen darf. Für jeden Durchgang ohne heruntergefallene Flasche gibt es einen Punkt. Wie viele Punkte haben alle Kinder gemeinsam nach dem ersten Durchlauf? In einem zweiten Durchlauf können sie nun versuchen, die Punktzahl noch zu steigern.

Im Rasselwald

Material:
- pro Kind 1 Plastikflasche
- Musik zum Bewegen, Abspielgerät

Vorbereitung: Verteilen Sie im Bewegungsraum pro Kind eine Plastikflasche auf dem Boden.

So geht es: Die Kinder bewegen sich zur Musik durch den Raum um die Flaschen herum. Beim Musikstopp stellt sich jedes Kind zu einer Flasche. Nennen Sie eine Bewegungsaufgabe, die die Kinder mit der Flasche ausführen sollen:
- 3-mal um die Flasche herumlaufen
- 3-mal rückwärts um die Flasche herumlaufen
- 3-mal über die Flasche springen
- die Flasche in Form einer Acht zwischen den Beinen hindurchgeben
- die Flasche hochwerfen und wieder auffangen
- die Flasche um den Körper herumreichen
- einen Finger auf die Flasche legen und 3-mal um die Flasche herum im Kreis gehen
- die Flasche auf der flachen Handfläche balancieren

Fitnessübungen mit der Flasche

Material: 🔵 pro Kind 2 leere Flaschen

So geht es: Für die Fitnessübungen benötigt jedes Kind zwei Flaschen. Stellen Sie sich mit den Kindern in einen großen Kreis mit ausreichend Abstand zu den Nachbarn.
Walking: In jeder Hand wird eine Flasche gehalten, die Arme sind angewinkelt. 10 Sekunden auf der Stelle marschieren mit intensiver Armbewegung.
Diese Übung führen Sie immer zwischen den anderen Übungen aus.

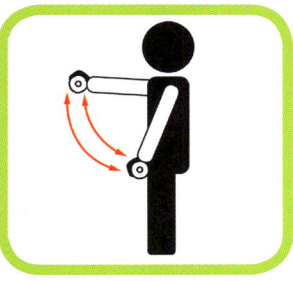

Übung 1: Armheben nach vorne (10-mal)
Die Flaschen werden waagerecht gehalten, die Handflächen zeigen nach unten.
Nun abwechselnd beide Arme nach vorne bis auf Schulterhöhe anheben und wieder senken.

Übung 2: Armheben zur Seite (10-mal)
Beide Arme werden gleichzeitig seitlich nach oben gestreckt, bis auf der Schulterhöhe, dann wieder absenken.

Übung 3: Armbeugen (10-mal)
Hinstellen in Schrittstellung. Die Ellbogen sind eng am Körper, abwechselnd werden die Arme im Ellbogen gebeugt und wieder abgesenkt.

Übung 4: Armstrecken in Rückenlage (10-mal)
Die Kinder liegen in Rückenlage, die Beine sind aufgestellt. Eine Flasche wird über dem Bauch mit beiden Händen gehalten. Nun die Flasche über den Kopf nach hinten führen. Kurz vor dem Boden stoppen und die Flasche wieder zum Bauch zurückführen.

Übung 5: Kniebeugen (10-mal)
Hüftbreit stehen, eine Flasche mit beiden Händen halten. Knie beugen bis max. im rechten Winkel, dabei die Arme nach vorne ausstrecken. Wieder aufrecht hinstellen, Arme dabei senken.

Kegeln

Material:
- ca. 12–18 Plastikflaschen
- Kreppklebeband als Startlinie
- verschiedene Bälle

So geht es: Teilen Sie die Kinder je nach Gruppengröße in 2–3 Gruppen ein. Die Kinder einer Gruppe stellen sich in einer Reihe an einer Startlinie auf. Bauen Sie in ca. 3 m Entfernung 6–9 Plastikflaschen wie beim Kegeln auf.

Das erste Kind jeder Gruppe erhält drei Bälle und hat drei Versuche, die Plastikflaschen mit den Bällen umzukegeln. Nach den drei Versuchen stellt es die umgefallenen Flaschen wieder auf und übergibt dem nächsten Kind die drei Bälle. Nun ist dieses an der Reihe. Wer trifft die meisten Flaschen?

Flaschendrehen

Material:
- 1 leere Plastikflasche

So geht es: Die Kinder sitzen im Kreis auf dem Boden. In der Mitte des Kreises liegt eine Plastikflasche. Drehen Sie die Flasche wie beim Flaschendrehen. Das Kind, auf das die Flasche zeigt, sobald sie wieder ruhig liegt, darf sich nun eine Bewegungsaufgabe ausdenken, die dann alle Kinder ausführen. Fällt einem Kind keine Aufgabe ein, können Sie etwas vorschlagen, z. B. Hampelmann machen, Kniebeugen, in die Luft springen, auf einem Bein springen, im Kreis drehen, klatschen, stampfen, die Arme oder die Hüfte kreisen usw.

Rassel hin und Rassel her

Material: 🔵 pro Kind 1 Rassel

🔵 Lied „Rassel hin und Rassel her" (Kopiervorlage, S. 70)

Vorbereitung:
(nach Bedarf)

Kopieren Sie sich das Lied „Rassel hin und Rassel her" (S. 70).

So geht es: Die Kinder stehen in einem großen Kreis. Tanzen Sie gemeinsam mit den Kindern den Rassel-Tanz und singen Sie das Lied „Rassel hin und Rassel her" (S. 70) zur Melodie von „Auf der Mauer, auf der Lauer".

Denken Sie sich nach jedem Durchgang gemeinsam mit den Kindern eine neue Aufgabe für die Rassel aus und tauschen Sie an der entsprechenden Stelle aus. „Sieh mal meine Rassel an, wie schön ich sie drehen/klopfen/werfen/rollen … kann."

Abschluss: Unterwegs im Rasselwald

Material: 🔵 pro Kind 1 Rassel

🔵 pro Kind 1 Augenbinde oder pro Kind 1 Taschentuch, das unter der Augenbinde auf die Augen gelegt wird

So geht es: Die Kinder stehen verteilt im Raum und halten Rasseln in den Händen. Sie sind die Rasselbäume. Ein Kind steht an einem Ende des Raumes und hat die Augen verbunden. Dieses Kind soll nun auf die andere Seite des Raumes laufen, ohne dabei an einen Baum zu stoßen. Kommt das blinde Kind zu nah an einen Baum heran, rasselt dieser. So kann sich das Kind orientieren. Ist es auf der anderen Seite angelangt, rasseln alle Kinder gleichzeitig als Zeichen, dass das Ziel erreicht ist. Bei ängstlichen oder kleineren Kindern sollten Sie als Begleitung mitgehen.

Achtung: Wenn mehrere Kinder nacheinander drankommen, müssen Sie darauf achten, dass jedes Kind eine eigene Augenbinde hat oder ein Taschentuch über die Augen legt, bevor es die Augenbinde benutzt. Dies verhindert die Übertragung von Bindehautentzündungen.

Rassel hin und Rassel her

Melodie: trad. (Auf der Mauer, auf der Lauer)
Text: Sabine Gottschalk

Rassel hin und Rassel her, (Rassel vor dem Körper hin- und herrasseln)

denn rasseln tu ich gerne, (Rassel von unten nach oben und wieder von oben nach unten rasseln)

Rassel hin und Rassel her, (Rassel vor dem Körper hin- und herrasseln)

denn rasseln ist nicht schwer. (Rassel von unten nach oben und wieder von oben nach unten rasseln)

Sieh mal meine Rassel an, wie ich damit rasseln kann. (Rassel vor dem Körper kräftig rasseln)

Rassel hin und Rassel her, (Rassel vor dem Körper hin- und herrasseln)

denn rasseln tu ich gerne. (Rassel von unten nach oben und wieder von oben nach unten rasseln)

Vom Kastanien-Parcours bis zum Zeitungsfangen

© Verlag an der Ruhr | Autorin: S. Gottschalk | Kastanienblätter
© Kautz15 – Fotolia.com | ISBN 978-3-8346-3606-5 | www.verlagruhr.de

Spiel und Sport mit Tüchern

Material für diese Stunde:

- ☑ viele (Chiffon-)Tücher in verschiedenen Farben
- ☑ gelbe und blaue Tücher
- ☑ Sonne-Mond-Wurfscheibe (Kopiervorlage, S. 75)
- ☑ Farbwürfel (Kopiervorlage, S. 95)
- ☑ Musik zum Bewegen, Abspielgerät

Einführung: Blumenzauber

Material:
- pro Kind 1 (Chiffon-)Tuch
- 1 gelbes Tuch

So geht es: Die Kinder sitzen auf dem Boden im Kreis. Jedes Kind erhält ein (Chiffon-)Tuch. Erklären Sie den Kindern, dass Sie dieses Tuch nun wie eine Blume erblühen lassen möchten. Dafür knüllt jedes Kind sein Tuch ganz klein zwischen den beiden Händen zusammen, sodass es nicht mehr zu sehen ist. Nehmen Sie sich ein gelbes Tuch und spielen Sie die Sonne. Das Kind, das von Ihnen mit dem gelben Tuch berührt wird, darf nun langsam seine Hände öffnen. Es sieht aus, als ob eine Blume erblüht.

Übungen mit dem Tuch im Kreis

Material:
- pro Kind 1 Tuch

So geht es: Die Kinder stehen mit ihrem Tuch im Kreis. Nennen Sie nun eine Bewegungsaufgabe, die von den Kindern ausgeführt werden soll. Erst, wenn alle Kinder die Aufgabe gleichzeitig ausführen, wird die nächste Aufgabe genannt.

Aufgaben sind:
- Lasso (das Tuch über dem Kopf wie ein Lasso schwingen)
- Windmühle (den ganzen Körper im Kreis drehen)
- Propeller (das Tuch vor dem Körper drehen)
- liegende Acht (Tuch in Form einer Acht bewegen)

Variante: Führen Sie zwei weitere Durchgänge durch und variieren Sie dabei die Geschwindigkeit. Einmal führen Sie alle Aufgaben ganz langsam aus, in der letzten Runde ganz schnell.

Mit älteren Kindern können zusätzlich folgende Aufgaben ausprobiert werden:
- Jedes zweite Kind geht in den Innenkreis und stellt sich einem Partner gegenüber. Auf ein Kommando wirft jedes Kind sein Tuch hoch, die zwei Kinder tauschen schnell ihre Plätze und fangen das Tuch des Partners auf.
- Jedes Kind wirft sein Tuch vor sich in die Luft und geht dann schnell einen Schritt nach rechts, um das Tuch seines rechten Partners aufzufangen.

Blätterfangen

Material: 🌰 pro Kind 1 Chiffontuch (rot, gelb, grün, braun)
🌰 1–2 blaue Tücher

So geht es: Jedes Kind erhält ein Chiffontuch in der Farbe Gelb, Orange, Rot, Grün oder Braun. Sie sind die Herbstblätter. Ein Kind bekommt ein blaues Tuch. Es ist nun der Herbstwind. Wenn der Herbstwind die Blätter berührt, fallen sie auf die Erde. Das Kind mit dem blauen Tuch soll versuchen, die Kinder mit den bunten Tüchern zu fangen. Wenn es ein Kind mit seinem blauen Tuch berührt, lässt dieses sich langsam und sacht samt seinem Tuch zu Boden gleiten – wie ein Blatt im Herbst, das auf die Erde fällt.
Hat der Herbstwind alle Blätter von den Bäumen geweht, ist das Spiel zu Ende. Eventuell kann sich der Wind auch Verstärkung holen und ein weiteres Kind hilft ihm beim Fangen.
Natürlich können mehrere Durchgänge gespielt werden.

Obstsalat

Material: 🌰 6–8 verschiedenfarbige Tücher
🌰 Musik zum Bewegen, Abspielgerät

Vorbereitung: Verteilen Sie verschiedenfarbige Tücher auf dem Boden im Bewegungsraum. Diese stellen Früchte dar. Je nachdem, in welchen Farben die Tücher vorhanden sind, können Sie verschiedene Fruchtsorten festlegen (z. B. Erdbeeren, Äpfel, Bananen, Weintrauben, Apfelsinen).

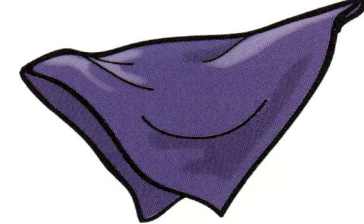

So geht es: Die Kinder laufen zwischen den Tüchern (zur Musik) umher. Wenn Sie nun eine Fruchtsorte rufen, sollen alle Kinder schnell zu dem Tuch mit der entsprechenden Farbe laufen und ein Bein daraufstellen. Rufen Sie „Obstsalat", so kann jedes Kind eine beliebige Frucht (Tuch) aussuchen.

Achtung: Weisen Sie die Kinder aus Gründen der Rutschgefahr darauf hin, immer nur ein Bein auf das Tuch zu stellen!

Variante: Jedes Kind hat ein Chiffontuch. Die Kinder laufen zur Musik durch den Raum. Bei Musikstopp rufen Sie eine Farbe. Alle Kinder müssen sich unter ein Tuch mit der genannten Farbe stellen. Wird z. B. „Gelb" gerufen, müssen alle Kinder, die kein gelbes Tuch haben, zu einem Kind mit gelbem Tuch laufen und sich bei ihm „unterstellen". Rufen Sie das Kommando „Farbentausch", tauscht jedes Kind sein Tuch mit einem anderen Kind.

Farb-Rennen

Material:
- pro Kind 1 Tuch in verschiedenen Farben (Rot, Blau, Grün, Gelb)
- 1 Farbwürfel mit Rot, Blau, Grün, Gelb, Schwarz und Weiß (Kopiervorlage, S. 95)

Vorbereitung: Basteln Sie den Farbwürfel mithilfe der Kopiervorlage (S. 95). Wenn Sie einen großen Schaumstoff-Würfel haben, können Sie ihn auch mit entsprechenden Farbpunkten bekleben. Jedes Kind bekommt ein Tuch (Rot, Blau, Grün oder Gelb).

So geht es: Die Kinder stehen in einer Reihe nebeneinander an einer Raumwand. Würfeln Sie mit einem Farbwürfel und nennen den Kindern die Farbe, die oben liegt. Bei Rot, Gelb, Grün oder Blau dürfen alle Kinder, die ein Tuch in der genannten Farbe haben, einen Schritt nach vorne gehen. Würfeln Sie Schwarz, müssen alle Kinder einen Schritt zurückgehen und bei Weiß dürfen alle Kinder einen Schritt nach vorne gehen. Das Kind, das als Erstes auf der anderen Seite ist, hat gewonnen und darf als Nächstes würfeln.
Variante: Bei weiteren Durchgängen kann der einfache „Schritt" auch durch einen „Sprung" ersetzt werden.

Sonne-und-Mond-Fangspiel

Material:
- Sonne-Mond-Wurfscheibe (Kopiervorlage, S. 75)
- blaue und gelbe Tücher

Vorbereitung: Basteln Sie die Sonne-Mond-Wurfscheibe. Kopieren Sie dazu die S. 75 und schneiden Sie beide Kreise aus. Zeichnen Sie einen Kreis auf eine feste Pappe und schneiden diesen ebenfalls aus. Dann kleben Sie auf eine Seite des Pappkreises die Sonne, auf die andere Seite den Mond.

So geht es: Teilen Sie die Kinder in zwei Gruppen ein. Die Sonnenkinder erhalten gelbe Tücher und die Mondkinder blaue. Die Kinder befestigen ihre Tücher sichtbar am Hosenbund und verteilen sich im Raum. Werfen Sie nun die Scheibe in die Luft. Liegt die Sonne oben, muss jedes Sonnenkind ein Mondkind fangen. Liegt der Mond oben, ist es umgekehrt. Hat ein Kind ein anderes gefangen, bleibt es mit ihm stehen und hält es so lange fest, bis alle Kinder gefangen sind.

Vom Kastanien-Parcours bis zum Zeitungsfangen

Sonne-Mond-Wurfscheibe

Vom Kastanien-Parcours
bis zum Zeitungsfangen

Fischer, Fischer, welche Fahne weht heute?

Material: ● pro Kind 1 farbiges Tuch

So geht es: Die Kinder stellen sich in einer Reihe nebeneinander an einer Seite des Raumes auf. Jedes Kind hat ein farbiges Tuch im Hosenbund stecken. Ein Kind wird zum Fischer gewählt. Dieses stellt sich auf die gegenüberliegende Seite des Raumes. Nun rufen alle Kinder gemeinsam: „Fischer, Fischer, welche Fahne weht heute?" Der Fischer kann nun mit einer beliebigen Farbe antworten, z. B.: „Gelb!" Nun laufen alle Kinder auf die gegenüberliegende Seite, wobei der Fischer versucht, ein Kind mit einem gelben Tuch zu fangen. Hat er ein Kind gefangen, ist dieses in der nächsten Runde der neue Fischer. Hat der Fischer kein Kind gefangen, muss er es in der nächsten Runde erneut versuchen.

Abschluss: Tücher-Tunnel

Material: ● pro Kinderpaar 1 Tuch

So geht es: Die Kinder bilden Paare und stellen sich einander gegenüber. Jedes Kind hält das Tuch an einer oberen Ecke fest. Daneben stehen die nächsten Kinder usw., sodass ein Tunnel aus farbigen Tüchern entsteht. Nun dürfen die ersten beiden Kinder durch den Tüchertunnel laufen oder krabbeln. Am Ende angelangt stellen sie sich wieder mit ihrem Tuch auf. Die nächsten Kinder dürfen den Tunnel durchqueren.

Spiel und Sport mit
Schwämmen

Material für diese Stunde:

- ☑ viele Schwämme in 4 verschiedenen Farben

- ☑ Kreppklebeband

- ☑ 1 Weichbodenmatte

- ☑ Musik zum Bewegen/Tanzen, Abspielgerät

- ☑ 4 Reifen

Einführung: Turmbau

Material: ⬤ pro Kind 1 Schwamm

Vorbereitung: Bauen Sie aus den Schwämmen in der Mitte des Raumes einen Turm auf, indem Sie die Schwämme aufeinanderstapeln, z. B. immer versetzt wie bei einer Mauer.

So geht es: Setzen Sie sich mit den Kindern im Kreis um diesen Turm herum und erklären Sie den Kindern, dass Sie heute mit Schwämmen turnen werden. Nun darf sich jedes Kind der Reihe nach vorsichtig einen Schwamm herunternehmen, ohne dass der Turm umfällt. Sobald jedes Kind einen Schwamm hat, kann die Stunde beginnen.

Tipp: Die Aufgabe wird leichter, wenn die älteren Kinder beginnen und die jüngeren Kinder erst gegen Ende an der Reihe sind, wenn der Turm nicht mehr so hoch ist.

Vom Kastanien-Parcours bis zum Zeitungsfangen

Schwamm-Schlacht

Material: ⬤ pro Kind 1 Schwamm
⬤ Kreppklebeband

Vorbereitung: Teilen Sie den Bewegungsraum durch eine Trennlinie (Kreppklebeband) in zwei gleich große Felder auf.

So geht es: Jedes Kind erhält einen Schwamm. Teilen Sie die Kinder in zwei Mannschaften ein. Jede Mannschaft stellt sich mit den Schwämmen in ein Feld.
Beim Startsignal werfen die Kinder ihre Schwämme in das Feld der gegnerischen Mannschaft. Ziel des Spiels ist es, keine Schwämme mehr im eigenen Feld zu haben. Als Schiedsrichter müssen Sie dabei gut aufpassen, denn oft sind es nur Sekunden, in denen kein Schwamm mehr in einem der Felder ist. Ist dies der Fall, rufen Sie laut „Stopp!". Die Mannschaft im leeren Feld bekommt einen Punkt.
Jedes Kind holt sich wieder einen Schwamm und die Schwammschlacht beginnt von vorne.
Sollte auch nach mehreren Minuten kein Feld leer sein, können Sie eine zeitliche Frist von einer Minute festsetzen. Danach ist das Spiel beendet und es wird gezählt, welche Mannschaft weniger Schwämme im Feld hat. Diese hat dann gewonnen.

Schwamm-Wurf

Material: ⬤ pro Kind 1 Schwamm
⬤ 1 Reifen

Vorbereitung: Legen Sie in die Raummitte einen Reifen auf den Boden.

So geht es: Die Kinder stehen in einem großen Kreis um diesen herum. Jedes Kind hat einen Schwamm und versucht, diesen nun in den Reifen zu werfen. Nacheinander hat jedes Kind einen Versuch. Wer landet einen Treffer?
In weiteren Durchgängen kann versucht werden, mit der linken Hand zu werfen oder mit dem rechten und linken Fuß den Schwamm in den Reifen zu kicken.
Zum Schluss halten Sie den Reifen hoch und die Kinder versuchen nacheinander, ihren Schwamm durch diesen hindurchzuwerfen.

Krokodil-Fangen

Material:
- pro Kind 2–3 Schwämme
- Kreppklebeband

Vorbereitung: Markieren Sie in der Mitte des Raumes eine Linie (Kreppklebeband). Diese stellt einen Fluss dar.

So geht es: Die Kinder legen alle Schwämme auf einer Seite des Raumes verteilt auf den Boden. Bestimmen Sie ein Kind, das das Krokodil spielen darf. Dieses stellt sich in den Fluss. Es darf diesen nicht verlassen, das heißt, es darf sich nur auf der Linie hin- und herbewegen.
Die übrigen Kinder stehen auf der Seite mit den Schwämmen. Ihr Ziel ist es, alle Schwämme auf die andere Seite zu schaffen. Beim Startsignal schnappt sich jedes Kind einen Schwamm und versucht damit, die gegenüberliegende Seite des Raumes zu erreichen und dort den Schwamm abzulegen. Das Krokodil versucht währenddessen, so viele Kinder wie möglich zu schnappen (abzuklatschen). Hat das Krokodil ein Kind erwischt, muss dieses seinen Schwamm zurückwerfen und dem Krokodil nun beim Fangen der übrigen Kinder helfen.
Die Kinder, die mit ihrem Schwamm die andere Seite erreicht haben, legen den Schwamm dort ab und versuchen wieder, ohne von den Krokodilen gefangen zu werden, auf die Seite mit den Schwämmen zurückzukommen. Dort holen sie einen weiteren Schwamm und versuchen erneut, ihn auf die andere Seite zu transportieren. Sobald alle Schwämme auf der anderen Seite sind, wird gezählt, wie viele Kinder das Krokodil geschnappt hat.
Bestimmen Sie nun ein anderes Kind zum Krokodil und das Spiel beginnt von vorne.

Schwamm-Handball

Material:
- pro Kind 1 Schwamm
- 1 Weichbodenmatte
- Kreppklebeband

Vorbereitung: Legen Sie vor eine Wand des Raumes eine große Weichbodenmatte oder markieren Sie mit Kreppklebeband ein viereckiges Feld auf dem Boden. In ca. 3 m Abstand kleben Sie mit dem Klebeband eine Wurflinie.

So geht es: Alle Kinder stellen sich mit den Schwämmen hinter diese Linie. Nun wird ein Kind (bzw. in der ersten Runde Sie als Spielleitung) zum Torwart gewählt. Stellen Sie sich den Kindern gegenüber vor die Matte. Beim Startsignal versuchen die Kinder, die Schwämme auf die Matte (das Feld) hinter Ihnen zu werfen. Sie versuchen, dies zu verhindern, indem Sie die Schwämme mit Armen und Beinen abwehren.
Wie viele Schwämme sind auf der Matte gelandet?
In der zweiten Runde wählen Sie eines der Kinder zum Torwart und das Spiel beginnt von vorne.

Vom Kastanien-Parcours bis zum Zeitungsfangen

Schwämme sortieren

Material: ● pro Kind 3–4 Schwämme in vier verschiedenen Farben
● 4 Reifen

Vorbereitung: Legen Sie in jede Raumecke einen Reifen mit einem farbigen Schwamm darin (rot, gelb, blau, grün). Die übrigen Schwämme in den vier verschiedenen Farben verteilen Sie großflächig in der Mitte des Raumes (von jeder Farbe gleich viele Schwämme).

So geht es: Teilen Sie die Kinder in vier Mannschaften ein. Jede Mannschaft stellt sich zu einem Reifen. Beim Startsignal dürfen die Kinder loslaufen, die Schwämme ihrer Farbe einsammeln und in ihren Reifen legen. Es darf pro Lauf immer nur ein Schwamm transportiert werden. Welche Mannschaft hat als erste alle Schwämme eingesammelt?
Beim zweiten Durchgang wandert jede Mannschaft im Uhrzeigersinn zum nächsten Reifen und muss nun beispielsweise anstatt der roten die grünen Schwämme einsammeln.
Nach vier Durchgängen ist das Spiel beendet.

Berühr den Schwamm!

Material: ● pro Kind 1 Schwamm
● Musik zum Bewegen, Abspielgerät

So geht es: Jedes Kind legt einen Schwamm auf den Boden, sodass alle Schwämme gut im Raum verteilt sind. Die Kinder laufen zur Musik zwischen den Schwämmen umher.
Beim Musikstopp nennen Sie ein Körperteil, mit dem die Kinder den Schwamm berühren sollen, z. B. mit dem großen Zeh. Sobald die Musik angeht, dürfen die Kinder weiterlaufen. Beim nächsten Musikstopp nennen Sie einen weiteren Körperteil, z. B. Ferse, Knie, Daumen, Ellbogen, Nase, Kinn etc.

Abschluss: Turm aufbauen

Material: 🏈 pro Kind 1 Schwamm

So geht es: Die Kinder sitzen im Kreis. Jedes Kind hat einen Schwamm in der Hand. Nun soll der Turm vom Beginn der Stunde wieder aufgebaut werden. Das erste Kind legt seinen Schwamm in die Mitte. Das nächste Kind legt seinen Schwamm vorsichtig darauf. Wenn der Turm zwischendurch umfällt, können Sie entweder wieder von vorne anfangen oder verschiedene Turmvarianten ausprobieren. Sind alle Schwämme zu einem Turm aufgestapelt, ist die Stunde zu Ende. Hier empfiehlt es sich, dass die jüngeren Kinder beginnen.

Vom Kastanien-Parcours bis zum Zeitungsfangen

Spiel und Sport mit Luftballons

Material für diese Stunde:

- ☑ viele Luftballons in verschiedenen Farben und Formen
- ☑ Wasser (alternativ Reis, Sand o. Ä.)
- ☑ Musik zum Bewegen/Tanzen, Abspielgerät
- ☑ pro Kind 1 Zeitungsrolle
- ☑ Klebefilm
- ☑ (Chiffon-)Tücher
- ☑ 1 Bettbezug

Einführung: Fang den Ballon

Material: 🎈 pro Kind 1 Luftballon

Vorbereitung: Blasen Sie pro Kind einen Luftballon auf und knoten Sie diesen zu.

So geht es: Erklären Sie den Kindern, dass Sie heute mit Luftballons turnen werden. Werfen Sie einen aufgeblasenen Luftballon in die Luft und rufen dabei den Namen eines Kindes. Dieses soll den Luftballon schnell auffangen, bevor er den Boden berührt. Wenn jedes Kind einen Luftballon hat, beginnt die Stunde.

Fitnessübungen mit dem Luftballon

Material: 🎈 pro Kind 1 Luftballon

So geht es: Die Kinder sitzen mit etwas Abstand zueinander in einem großen Kreis auf dem Boden. Folgende Fitnessübungen werden nun ausgeführt:

- 🎈 im Schneidersitz sitzen und den Luftballon je 5-mal nach rechts und 5-mal nach links um sich herumrollen
- 🎈 mit leicht angewinkelten Beinen sitzen und den Ballon je 5-mal nach rechts und 5-mal nach links um sich herumrollen
- 🎈 den Ballon zwischen die Füße klemmen, die Hände seitlich vom Körper aufstützen. Nun den Ball 10-mal hochheben und wieder absenken
- 🎈 den Ballon zwischen die Füße klemmen und 10 Sekunden in der Luft halten, die Hände dürfen dabei nicht den Boden berühren
- 🎈 auf eine Seite legen, den Luftballon zwischen die Füße klemmen, die Beine seitlich vom Körper wegstrecken und 10 Sekunden auf jeder Seite anheben.
- 🎈 auf den Bauch legen, den Ballon mit beiden Händen festhalten, die Arme lang nach vorne ausstrecken; die Arme und den Oberkörper vom Boden lösen und wieder ablegen; 10-mal wiederholen
- 🎈 auf den Rücken legen, die Füße aufstellen; der Ballon wird mit beiden Händen festgehalten, die Arme werden nach hinten ausgestreckt; nun den Ballon über den Kopf bis zu den Knien führen, dabei den Oberkörper anheben und den Bauch einrollen; mit dem Ballon die Knie antippen und sich wieder ablegen, die Arme nach hinten ausstecken; 10-mal wiederholen

Vom Kastanien-Parcours bis zum Zeitungsfangen

Ballonspiel im Kreis

Material: 🎈 mehrere Luftballons

So geht es: Alle Kinder stehen im Kreis. Ein Luftballon wird von einem Kind zum anderen weitergegeben. Nach einer Runde kommt ein weiterer Ballon dazu. Die Ballons werden zeitgleich weitergegeben, sie dürfen sich nie berühren. Jede Runde kommt ein weiterer Ballon hinzu. Stoßen zwei Ballons aneinander, beginnt das Spiel von vorne mit nur einem Ballon. Je mehr Ballons im Spiel sind, desto schwieriger wird es. Wie viele Ballons können gleichzeitig im Kreis herumgegeben werden, ohne dass sie aneinanderstoßen?

Luftballon-Tanz

Material: 🎈 pro Kinderpaar 1 Luftballon
🎈 Musik zum Bewegen, Abspielgerät

So geht es: Die Kinder gehen paarweise zusammen und erhalten einen Luftballon. Mit diesem können sie nun auf verschiedene Weise zur Musik tanzen. Immer wenn die Musik stoppt, stellen Sie eine neue Bewegungsaufgabe:
🎈 Ballon zwischen die Bäuche klemmen, Arme sind auf dem Rücken
🎈 Ballon zwischen die Köpfe klemmen, Arme sind auf dem Rücken
🎈 Ballon zwischen die Handflächen der jeweils rechten, dann linken Hand klemmen
🎈 Ballon zwischen die Knie klemmen
🎈 Ballon zwischen die Rücken einklemmen
🎈 Ballon zwischen den Pos einklemmen
🎈 Ballon hin- und herwerfen, ohne dass er den Boden berührt
🎈 Ballon mit der flachen Hand hin- und herschlagen, ohne ihn dabei festzuhalten

Luftballonspiel mit dem Tuch

Material: ⬬ pro Kinderpaar 1 Luftballon und 1 (Chiffon-)Tuch

So geht es: Jeweils zwei Kinder gehen zusammen und erhalten einen Luftballon und ein Tuch. Folgende Bewegungsaufgaben können damit ausgeführt werden:

⬬ der Luftballon wird auf das Tuch gelegt, in die Luft geschleudert und nach Möglichkeit mit dem Tuch wieder aufgefangen

⬬ ohne den auf dem Tuch liegenden Luftballon zu verlieren, laufen die Paare durch den Raum; dabei variiert die Bewegungsart und die Haltehöhe des Tuches

⬬ der Luftballon wird vor das Tuch gehalten; die Kinder rennen so schnell durch den Raum, dass der Luftballon gegen das Tuch gedrückt wird und nicht zu Boden fällt

⬬ der Luftballon wird auf dem Tuch liegend hinter den Paaren hergezogen

⬬ die Paare stellen sich mit ihren Tüchern gegenüber in zwei Reihen. Die Tücher sind zwischen ihnen gespannt und bilden so eine „Tücherstraße". Auf dem Tuch des ersten Paares liegt ein Luftballon. Dieser Ballon wandert nun von Paar zu Paar, von Tuch zu Tuch. Ist der Ballon auf dem Tuch des letzten Paares angelangt, transportiert dieses den Ballon zum Anfang der Straße zurück. Der Ballon wandert erneut über die Tücher. Dies geht so lange, bis jedes Paar einmal mit dem Ballon gelaufen ist.

Vom Kastanien-Parcours
bis zum Zeitungsfangen

Wackelballon

Material: ● 2 Luftballons
● Wasser (alternativ Sand, Reis o. Ä.)

So geht es: Befüllen Sie einen Luftballon mit etwas Wasser und knoten Sie diesen zu. Diese Wasserbombe stopfen Sie nun vorsichtig in einen zweiten Ballon hinein. Anschließend blasen Sie den Luftballon auf (nicht zu groß) und knoten ihn zu. Fertig ist der Wackelballon.

● **Runde 1:** Die Kinder stehen im Kreis. Das erste Kind erhält den Ballon und darf ihn einmal hochwerfen und wieder auffangen. Dann gibt es den Ballon an das Kind neben sich weiter, welches den Ballon nun hochwerfen darf. Jedes Kind ist einmal an der Reihe.

● **Runde 2:** Nun dürfen sich die Kinder den Ballon gegenseitig zuwerfen. Dazu ruft das Kind, das den Ballon hat, den Namen eines anderen Kindes und wirft diesem den Ballon zu. Das aufgerufene Kind versucht, den Ball zu fangen, und wirft ihn anschließend dem nächsten Kind zu.

● **Runde 3:** Die Kinder drehen sich um 90 Grad und stellen sich mit gegrätschten Beinen auf. Das Kind mit dem Ballon gibt diesen durch seine gegrätschten Beine an das Kind hinter ihm weiter. So wandert der Ballon einmal im Kreis. Bei der nächsten Runde wird der Ballon über den Kopf hinweg nach hinten weitergegeben.

● **Runde 4:** Die Kinder setzen sich auf den Boden. Das Kind mit dem Ballon ruft den Namen eines anderen Kindes auf und rollt diesem den Ballon zu. Dieses rollt den Ball weiter, bis jedes Kind einmal an der Reihe war.

● **Runde 5:** Die Kinder sitzen auf dem Boden. Jetzt wird der Ballon zwischen die Füße geklemmt und an das Nachbarkind weitergegeben. Dieses versucht, den Ballon mit den Füßen abzunehmen und wieder weiterzugegeben. Ziel ist es, den Ballon eine Runde im Kreis herumzugeben, ohne dass er herunterfällt.

Luftballontreiben

Material: ● pro Kind 1 Luftballon

● pro Kind 1 Zeitungsrolle

● Klebefilm

Vorbereitung: Basteln Sie für jedes Kind eine Zeitungsrolle, indem Sie ein Zeitungsblatt zusammenrollen und mit Klebefilm fixieren.

So geht es: Jedes Kind erhält einen Luftballon und eine Rolle aus Zeitungspapier, die mit einem Klebestreifen fixiert ist. Damit stellen sich alle Kinder in einer Reihe auf einer Seite des Bewegungsraumes auf. Beim Startsignal werfen die Kinder den Ballon in die Luft und versuchen, diesen mit ihrem Zeitungsstab voranzutreiben. Dabei darf der Luftballon nicht den Boden berühren, sonst muss das Kind zurück zur Startlinie und von Neuem beginnen.

Abschluss: Luftballon-Bett

Material: ● viele aufgeblasene Luftballons

● 1 Bettbezug

Vorbereitung: Stecken Sie viele aufgeblasene Luftballons in einen Bettbezug, sodass dieser gut gefüllt, aber nicht ganz prall ist. Knöpfen Sie diesen zu und legen Sie ihn auf den Boden. So entsteht ein tolles, stabiles Luftkissen.

So geht es: Nun können sich ein bis zwei Kinder auf das Luftbett fallen lassen und sich gemütlich darauf ausbreiten. Einige andere Kinder ziehen das Luftbett eine Runde durch den Raum. Dann wird gewechselt, bis jedes Kind einmal in den Genuss des Bettes gekommen ist. Zum Abschluss kann jedes Kind einen Luftballon mit nach Hause nehmen.

Vom Kastanien-Parcours bis zum Zeitungsfangen

Spiel und Sport mit
Wäscheklammern

Material für diese Stunde:

☑ viele Wäscheklammern in 4 verschiedenen Farben

☑ 1 Langbank

☑ Musik zum Bewegen, Abspielgerät

☑ Fingerspiel „Zwicke zwacke" (S. 91)

☑ pro Kind 1 Socken oder 1 anderes Kleidungsstück

☑ Material für 2 Parcoursstrecken (Kegel, Langbänke, Reifen, 1 Wäschekorb mit Socken/Kleidungsstücken darum, Wäscheklammern jeweils in Anzahl der Kinder, 1–2 Wäscheleinen/Schnüre)

☑ 1 Farbwürfel (Kopiervorlage, S. 95)

☑ 1 Stoffbeutel

☑ 4 Tücher in 4 verschiedenen Farben (gleiche Farben wie die Wäscheklammern)

Einführung: Klammern suchen

Material: 🏐 pro Kind 1 Wäscheklammer

Vorbereitung: Verstecken Sie pro Kind eine Wäscheklammer im Bewegungsraum.

So geht es: Erklären Sie den Kindern, dass die Dinge, mit denen Sie heute turnen werden, hier überall im Bewegungsraum versteckt sind. Jedes Kind darf sich nun auf die Suche machen, um eines dieser Dinge zu finden. Hat ein Kind eine Wäscheklammer gefunden, setzt es sich mit dieser zu Ihnen. Haben alle Kinder eine Klammer, kann die Stunde beginnen.

Partner-Übungen mit der Wäscheklammer

Material: 🏐 pro Kind 2 Wäscheklammern
🏐 1 Langbank

So geht es: Die Kinder gehen paarweise zusammen. Die T-Shirts der beiden Kinder werden mit je zwei Wäscheklammern zusammengeklammert. Nun werden folgende Bewegungsaufgaben ausgeführt, bei denen sich die Klammern nicht lösen dürfen:
🏐 vorwärtslaufen, rückwärtslaufen, seitwärtslaufen
🏐 einen Sprung machen, vorwärtshüpfen, rückwärtshüpfen
🏐 über ein Hindernis steigen
🏐 rennen
🏐 Wettrennen: Alle Paare stehen an einer Seite des Raumes. Welches Team schafft es als erstes auf die andere Seite, ohne dass sich eine Klammer löst?

In der zweiten Runde werden auch die Hosenbeine der Paare mit einer Wäscheklammer zusammengeklammert und die Bewegungsübungen werden erneut durchgeführt.
Beim Wettrennen müssen die Kinder versuchen, möglichst schnell im Gleichschritt die andere Seite zu erreichen.

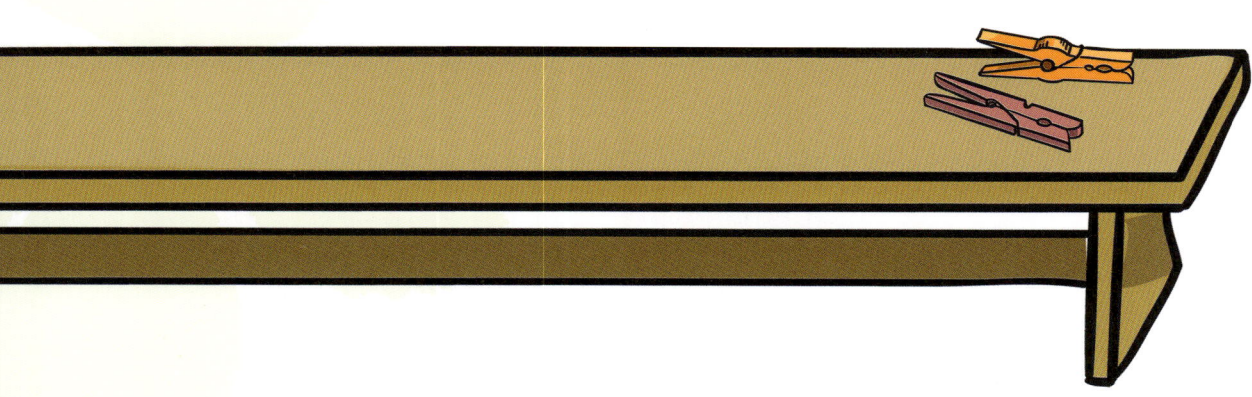

Zwicke Zwacke

Material: 🔘 pro Kind 1 Wäscheklammer

So geht es: Die Kinder sitzen im Kreis. Jedes Kind hat eine Wäscheklammer. Machen Sie nun mit den Kindern gemeinsam das Fingerspiel „Zwicke Zwacke". Bei dem Wort „Zwicke" öffnen und schließen die Kinder jeweils die Wäscheklammer. Sie nennen das zweite Wort, die Kinder sollen für dieses das passende Reimwort ergänzen (kursiv geschrieben) und mit der Wäscheklammer auf den entsprechenden Körperteil deuten.

Fingerspiel „Zwicke zwacke"

Zwicke zwacke in die **Backe**,

zwicke zwor in das **Ohr**,

zwicke zwulter in die **Schulter**,

zwicke zwarm in den **Arm**,

zwicke zwand in die **Hand**,

zwicke zwinger in die **Finger**,

zwicke zwücken in den **Rücken**,

zwicke zwo in den **Po**,

zwicke zwauch in den **Bauch**,

zwicke zwein in das **Bein**,

zwicke zwie in das **Knie**,

zwicke zwade in die **Wade**,

zwicke zwus in den **Fuß**,

zwicke zwerse in die **Ferse**,

zwicke zweh in den **Zeh**,

zwicke zwu – jetzt ist **Ruh**.

Klammern Klauen

Material: 🥟 pro Kind 3–4 Wäscheklammern

So geht es: Alle Kinder sind Igel. Jedes Kind bekommt dazu die gleiche Anzahl von Wäscheklammern und befestigt diese als Stacheln auf seinem Rücken. Animieren Sie die Kinder, sich gegenseitig zu helfen, wenn sie die Klammern noch nicht selbstständig auf ihrem eigenen Rücken befestigen können.

Die Igel verteilen sich in der Turnhalle. Auf ein Kommando laufen alle los und versuchen, den anderen Igeln möglichst viele Igelstacheln abzunehmen. Gleichzeitig passen sie auf, dass ihnen selbst keine Stacheln geklaut werden. Alle geklauten Stacheln befestigen die Igel wieder an sich selbst, aber diesmal auf dem Bauch. Hier dürfen sie nicht mehr weggenommen werden. Sieger ist der Igel, der am Ende des Spieles die meisten Stacheln auf seinem Bauch gesammelt hat.

Vorsicht, Krebs!

Material: 🥟 viele Wäscheklammern
🥟 Musik zum Bewegen, Abspielgerät

So geht es: Verteilen Sie mit den Kindern die Wäscheklammern im Raum auf dem Boden. Die Kinder laufen zur Musik zwischen den Wäscheklammern umher. Nennen Sie beim Musikstopp eine Aufgabe, die ausgeführt werden muss. Auch dabei darf keine Klammer berührt werden. Das Kind, das eine Klammer berührt, muss bei dieser stehen bleiben, bis die nächste Aufgabe gestellt wird.

Folgende Bewegungsaufgaben können gestellt werden:
🥟 durch den Raum rennen
🥟 rückwärts durch den Raum laufen
🥟 durch den Raum springen
🥟 auf einem Bein durch den Raum hüpfen
🥟 über die Wäscheklammern springen
🥟 auf allen vieren durch den Raum krabbeln
🥟 in Bauchlage durch den Raum kriechen
🥟 im Spinnengang durch den Raum gehen
🥟 um eine Klammer im engen Kreis gehen, bis die Musik wieder einsetzt
🥟 ein anderes Kind an die Hand nehmen und mit diesem zusammen durch den Raum gehen
🥟 alle Kinder fassen sich an den Händen und gehen als Schlange durch den Raum

Kleider-Staffel

Material:
- pro Kind 1 Wäscheklammer und 1 Socken
- 1 Wäschekorb
- 1 Wäscheleine oder Schnur
- Material für 2 Parcoursstrecken (8 Kegel, 2 Langbänke, 6 Reifen, 1 Wäschekorb mit Socken/Kleidungsstücken, Wäscheklammern in Anzahl der Kinder, 1 Schnur/Wäscheleine)

Vorbereitung: Bauen Sie im Raum zwei identische Parcoursstrecken auf, mit z. B. je 4 Kegeln zum Slalomlaufen, 1 Langbank zum Balancieren und 3 Reifen zum Durchklettern. Am Anfang der Strecke stellen Sie einen Wäschekorb mit vielen Socken/Kleidungsstücken darin auf. Um den Korb herum legen Sie die Wäscheklammern. Am Ende der Strecke spannen Sie eine Schnur oder Wäscheleine.

So geht es: Teilen Sie die Kinder in zwei Mannschaften ein. Die Mannschaften stellen sich an der Startlinie in einer Reihe hintereinander vor ihrer jeweiligen Strecke auf.
Beim Startsignal darf sich das erste Kind jeder Mannschaft eine Klammer nehmen und muss damit eine Socke aus dem Korb angeln. Die Socke darf nicht mit den Händen angefasst werden. Dann wird die Socke durch den Parcours transportiert und am Ende auf die Leine gehängt. Hierbei darf das Kind die Hände zu Hilfe nehmen. Das Kind läuft zu seiner Mannschaft zurück und klatscht das nächste Kind ab. Nun darf sich dieses eine Klammer angeln und den Parcours durchqueren. Ist der Wäschekorb leer, ist die Aufgabe geschafft. In einem zweiten Durchgang ist die Wäsche bereits getrocknet und muss mit der Klammer wieder zurück in den Wäschekorb transportiert werden.

Vier-Farben-Feld

Material:
- 4 Tücher in 4 verschiedenen Farben
- pro Kind 4–5 Wäscheklammern in den gleichen 4 verschiedenen Farben
- 1 Stoffbeutel
- 1 Farbwürfel (Kopiervorlage, S. 95)

Vorbereitung: Kopieren Sie den Farbwürfel (S. 95), schneiden Sie ihn aus und kleben Sie ihn zusammen. Legen Sie in die Raummitte aus vier verschiedenfarbigen Tüchern ein Spielfeld. Legen Sie in einen Stoffbeutel pro Kind vier bis fünf Wäscheklammern in denselben vier Farben wie die Tücher. Jedes Kind darf aus dem Beutel fünf Klammern ziehen und an sich befestigen. Dann stellen sich die Kinder um das Feld herum an den Raumwänden verteilt auf.

So geht es: Würfeln Sie nun eine Farbe. Jedes Kind, das eine Klammer in der angezeigten Farbe hat, macht sie am entsprechenden Farbfeld fest. Wer die Farbe nicht bedienen kann, hat vielleicht in der nächsten Runde Glück. Das Kind, das als erstes alle seine Klammern auf dem Spielfeld abgelegt hat, hat gewonnen.

Variante: In der zweiten Runde kommen bestimmte Bewegungsaufgaben hinzu. Sobald Sie mit dem Farbwürfel gewürfelt haben, nennen Sie zusätzlich eine Bewegungsaufgabe, z.B.: „Rot hüpft auf einem Bein zum Farbfeld." Daraufhin dürfen alle Kinder, die eine rote Klammer haben, zum entsprechenden Farbfeld hüpfen und diese dort ablegen. Nach jedem Würfeln wird eine neue Bewegungsaufgabe gestellt, z.B. zum Feld schleichen, hüpfen, große Schritte, kleine Schritte, einen Fuß direkt vor den anderen setzen, stampfen, auf den Zehenspitzen gehen, auf den Fersen gehen, Storchengang, Galoppschritt, auf allen vieren krabbeln, Spinnengang etc.

Abschluss: Baum und Raupe

Material:

So geht es:
- pro Kinderpaar 3 Wäscheklammern

Die Kinder gehen paarweise zusammen. Ein Kind schließt die Augen und stellt oder legt sich still hin. Es verkörpert einen Baum. Das zweite Kind hat drei Wäscheklammern, die Raupen verkörpern. Das Kind mit den Raupen versucht nun, diese an das liegende Kind zu heften, ohne dass dieses die Stellen bemerkt. Wenn das Baumkind etwas bemerkt, soll es auf die Stelle deuten, an der es die Klammer vermutet, und die Raupe muss sich wieder zurückziehen und einen neuen Versuch starten, bis alle drei Klammern am Baum befestigt sind. Dann tauschen die Kinder ihre Rollen.

Vom Kastanien-Parcours bis zum Zeitungsfangen

Farbwürfel

Kopieren Sie den Würfel, schneiden Sie ihn aus und falten Sie ihn an den gestrichelten Linien vor.
Tragen Sie dann auf die Laschen
Klebstoff auf und kleben Sie den
Würfel zusammen.

Klebelasche

Klebelasche

Klebelasche

Klebelasche

Klebelasche

Klebelasche

Vom Kastanien-Parcours bis zum Zeitungsfangen

Medientipps

Bläsius, Jutta:
101 Bewegungsspiele für zwischendurch und überall. 5-Minuten-Ideen zum Austoben und Entspannen in der Kita.
3–6 J. Verlag an der Ruhr, 2011.
ISBN 978-3-8346-0816-1

Danner, Eva:
Mit Krippenkindern in Bewegung!
Mitmachideen, Bewegungsspiele und Massagegeschichten für das ganze Jahr.
1–3 J. Verlag an der Ruhr, 2011.
ISBN 978-3-8346-0853-6

Geisler, Heike:
Kinder-Yoga – kita-leicht.
Geschichten, Spiele und Übungen zum Bewegen und Entspannen im Kita-Alltag.
3–6 J. Verlag an der Ruhr, 2012.
ISBN 978-3-8346-0926-7

Geisler, Heike:
Yoga-Bildkarten für Kinder zum Spielen, Geschichten-Legen, Bewegen und Entspannen.
3–6 J. Verlag an der Ruhr, 2012.
ISBN 978-3-8346-0927-4

Herm, Sabine:
Psychomotorische Spiele für Kinder in Krippen und Kindergärten.
Cornelsen Scriptor, 14., überarbeitete Auflage 2013.
ISBN 978-3-5892-4795-0

Innecken, Barbara:
Kinesiologie – Kinder finden ihr Gleichgewicht – Spiele, Lieder und Geschichten.
4–8 J., 4. Aufl., Don Bosco, 2015.
ISBN 978-3-7698-1899-4

Jung, Heike:
Bunte Bewegungsstunden für Kita-Kinder.
Vom Urwald-Abenteuer bis zur Weltraum-Reise.
3–7 J. Verlag an der Ruhr, 2014.
ISBN 978-3-8346-2534-2

Lambrecht, Michaela:
Mit Bewegung durch das Kita-Jahr.
Bewegungslandschaften, Mitmach-Geschichten, Tänze und Spiele.
3–6 J. Verlag an der Ruhr, 2016.
ISBN 978-3-8346-3219-7

Zimmer, Renate:
Handbuch Bewegungserziehung.
Grundlagen für Ausbildung und pädagogische Praxis.
Herder, 2014.
ISBN 978-3-451-32840-4